Niveau grand débutant

Grammaire

en dialogues

Odile Grand-Clément

CLE
INTERNATIONAL

www.cle-inter.com

Direction éditoriale : Béatrice Rego
Édition : Christine Ligonie, Virginie Poitrasson
Mise en pages : Domino
Illustrations : Jean-Pierre Foissy
Enregistrement : Quali'sons

Couverture : Dagmar Stahringer
Maquette intérieure : Griselda Agnesi

AVANT-PROPOS

La **Grammaire en dialogues** s'adresse à des adultes et des adolescents de niveau débutant.

Cet ouvrage a pour objectif d'initier les apprenants aux notions grammaticales à travers l'écoute de dialogues empruntés à la vie quotidienne.

La **Grammaire en dialogues** est composée de 33 chapitres. Les premiers chapitres abordent des notions de base (verbes être et avoir, relation sujet / verbe, etc.). Les derniers chapitres traitent des verbes au futur. La progression est lente et suit le cours normal d'un apprentissage classique dans une méthode de niveau 1.

Chaque chapitre est constitué de trois pages :

> ▪ Sur la **PREMIÈRE PAGE** est retranscrit **le texte de deux dialogues de la vie courante** : le premier introduit la structure étudiée, le second vient la renforcer ou la compléter. Le vocabulaire est simple pour ne pas ajouter une difficulté supplémentaire. Ces dialogues sont enregistrés dans un CD inclus dans le livre. Le rythme de paroles est modéré tout en restant naturel. Les personnages sont variés (hommes et femmes, jeunes et vieux). Le registre de langue est le français courant, avec parfois quelques expressions familières. Les dialogues sont suivis d'exercices de compréhension orale.

> ▪ Sur la **DEUXIÈME PAGE**, **une présentation grammaticale** dans laquelle les notions essentielles à acquérir sont expliquées dans une terminologie grammaticale volontairement réduite. De nombreux exemples renforcent la compréhension des règles étudiées. Nous restons dans l'esprit d'une grammaire communicative.

> ▪ Sur la **TROISIÈME PAGE des exercices d'application** mènent progressivement l'apprenant à assimiler les notions présentées en les utilisant dans différents contextes.

NEUF BILANS insérés entre les chapitres testent le niveau d'assimilation.

UN TEST FINAL permet d'évaluer les connaissances des apprenants.

UN PRÉCIS GRAMMATICAL comprend de nombreux tableaux, regroupant les notions grammaticales étudiées.

DES TABLEAUX DE CONJUGAISON de verbes fréquemment utilisés auxquels les apprenants peuvent se référer pendant leur apprentissage.

LES CORRIGÉS dans un livret encarté permettent de travailler en autonomie.

SOMMAIRE

■ Chapitre 1 **ÊTRE et les pronoms sujets** 6
   1. Action !   2. Après l'émission

■ Chapitre 2 **AVOIR et l'accord des adjectifs (1)** 9
   1. Un rendez-vous important   2. Dans une agence immobilière

■ Chapitre 3 **Les articles définis/indéfinis – Les possessifs (1) – C'est/Ce sont** 12
   1. Souvenirs, souvenirs   2. Au commissariat de police

■ Chapitre 4 **La négation (1)** 15
   1. Épicerie ou restaurant ?   2. Jour de malchance
   BILAN n° 1 18

■ Chapitre 5 **Le présent des verbes en « er » et la question simple** 20
   1. Déprime   2. Un week-end en amoureux

■ Chapitre 6 **IL FAUT – Les partitifs et l'accord des adjectifs (2)** 23
   1. Les crêpes   2. Un nouveau travail

■ Chapitre 7 **Faire et dire – Est-ce que…/Qu'est-ce que… ?** 26
   1. Noël en famille   2. Une femme au foyer
   BILAN n° 2 29

■ Chapitre 8 **Pouvoir et Vouloir – Les démonstratifs** 31
   1. Stationnement interdit   2. Rébellion

■ Chapitre 9 **L'expression de la quantité** 34
   1. Régime   2. Aïe, aïe, aïe !

■ Chapitre 10 **Aller et Devoir – Les possessifs (2)** 37
   1. Quelle bonne surprise !   2. À l'aéroport

■ Chapitre 11 **Finir et Choisir – Les prépositions de lieu** 40
   1. Réservation   2. Voyages d'affaires
   BILAN n° 3 43

■ Chapitre 12 **Savoir et Connaître – Si…, que…, où…** 45
   1. Une belle musicienne   2. Rue des roses

■ Chapitre 13 **Prendre, Comprendre et Apprendre – La négation (2)** 48
   1. Instructions au téléphone   2. Résultats scolaires

■ Chapitre 14 **« Il » impersonnel – Prépositions de temps – Quel(le)(s) ?** ... 51
   1. Les quatre saisons   2. Test psychologique

■ Chapitre 15 **Venir et Partir – Prépositions de lieu** 54
   1. Fin de soirée   2. Une université internationale
   BILAN n° 4 57

■ Chapitre 16 **Les verbes pronominaux (1)** 59
   1. À la retraite   2. Réunion d'anciens élèves

■ Chapitre 17 **Les verbes pronominaux (2) forme négative et interrogative** 62
   1. Je perds la mémoire   2. Une mauvaise nouvelle

■ Chapitre 18 **Les mots interrogatifs** 65
   1. Projet de voyage   2. Autorité paternelle
   BILAN n° 5 68

■ Chapitre 19 **Adjectifs et adverbes (bon, mauvais, bien, mal)** 70

1. Un mauvais numéro   2. Un restaurant sympathique

■ Chapitre 20 **Les comparatifs** 73

1. Une randonnée   2. À la pharmacie

■ Chapitre 21 **Les impératifs réguliers et les comparatifs irréguliers** 76

1. Dans un magasin de vêtements   2. Une bonne recette

■ Chapitre 22 **Les pronoms relatifs simples** 79

1. Des cadeaux d'anniversaire   2. Un mystérieux invité

BILAN n° 6 82

■ Chapitre 23 **Le passé composé des verbes en du 1er groupe** 84

1. Départ en vacances   2. Ticket gagnant

■ Chapitre 24 **Le passé composé (avec avoir) des verbes du 2e et 3e groupe** 87

1. 3 à 0   2. Dépannage

■ Chapitre 25 **Le passé composé (avec être)** 90

1. Une carrière atypique   2. Ma grand-mère russe

■ Chapitre 26 **Le passé composé des verbes pronominaux** 93

1. Stress   2. Le coup de foudre

BILAN n° 7 96

■ Chapitre 27 **Les pronoms personnels (me, te, nous, vous)** 99

1. Idées noires   2. À un vernissage

■ Chapitre 28 **Les pronoms personnels directs – Quel(s)… ! quelle(s)… !** 102

1. Quelle vue !   2. Elle l'a !

■ Chapitre 29 **Les pronoms personnels indirects** 105

1. Jardin secret   2. Réconciliation

■ Chapitre 30 **En et Y – Place des pronoms avec deux verbes** 108

1. Message téléphonique   2. Encore un peu de gâteau ?

BILAN n° 8 111

■ Chapitre 31 **L'imparfait**

1. Un rêve étrange   2. Souvenirs 114

■ Chapitre 32 **L'imparfait et le passé composé**

1. Distributeur automatique   2. Mon premier babysitting 117

■ Chapitre 33 **Le futur proche et le futur simple** 120

1. La voyante   2. Recommandations

BILAN n° 9 123

TEST D'ÉVALUATION FINALE 126

PRÉCIS GRAMMATICAL 131

TABLEAUX DE CONJUGAISON 138

1. ÊTRE ET LES PRONOMS SUJETS

■ *ACTION !*

 piste 1

> **Le présentateur :** Mesdames, messieurs, bonjour !
> Nous sommes le jeudi 2 mars. Il est 21 heures. Je vous présente Claudia.
> Claudia est script.
> **Claudia :** Bonjour !
> **Le présentateur :** Miguel et Juan, cameramen*. Ils sont espagnols…
> **Juan :** Excusez-moi ! On parle espagnol, Miguel est espagnol mais je suis argentin.
> **Le présentateur :** Oh pardon ! Et, pour le son et la musique, Louis. Il est français.
> Et maintenant vous êtes prêts ? Action !

* Cadreurs

■ *APRÈS L'ÉMISSION*

 piste 2

> **Miguel :** Claudia est très sympa et très jolie, non ?
> **Juan :** Oui, oui.
> **Miguel :** Elle est célibataire ?
> **Juan :** Oui, tu es bien curieux… tu es marié, toi ?
> **Miguel :** Non, je suis divorcé.
> **Juan :** Moi, je suis célibataire. Claudia et
> moi on est amis, très amis.
> **Miguel :** Ah bon !

1. Écoutez les dialogues et répondez comme dans l'exemple.

✎ Exemple : Miguel est espagnol ? – Oui, Miguel est espagnol.

1. Claudia est script ?
2. Juan est argentin ?
3. Miguel et Juan sont cameramen ?
4. Claudia est sympa ?
5. Miguel est célibataire ?
6. Claudia et Juan sont amis ?

2. Écoutez et faites une phrase complète avec le verbe être.

✎ Exemple : Il / cameraman → Il est cameraman.

1. Je / célibataire.
2. Vous / prêts.
3. Elle / jolie.
4. Tu / marié ?
5. Il / 3 heures.
6. On / amis.
7. Ils / sympas
8. Je / espagnol

ÊTRE

Je suis
Tu es
Il / Elle / On est
Nous sommes
Vous êtes
Ils / Elles sont

■ On ne prononce pas le « s » et le « t » final :
suis / nous sommes / êtes / ils sont
■ On fait la liaison : avec le « n » → on_est devant le « e »
avec le « s » → vous_êtes
■ « es » et « est » : même prononciation

Tu, dans la langue familière, à l'oral est prononcé « t' » devant une voyelle ou un « h » → « T'es à Paris lundi ? »

■ PRONOMS SUJETS

• Il → masculin (personne ou objet)
Juan est grand. → Il est grand.
Le film est long. → Il est long.

• Elle → (personne ou objet)
Marie est célibataire. → Elle est célibataire.
La musique est fantastique. → Elle est fantastique.

• « On » → = nous
→ = une personne
→ = les personnes (en général)
On est contents = Nous sommes contents.
On demande monsieur Klein à la réception.
En France on dîne à 20 heures en général.

La différence entre « tu » et « vous » est une question de relations entre les personnes :
• Tu / Vous → plus formel : *Vous êtes madame Dupré ? / Maman, tu es là ?*
• Vous → pluriel *(2 personnes ou plus)* Camille et Pierre, vous êtes prêts ?

• Ils → pluriel des personnes ou des objets masculins ou masculins et féminins ensemble.
Christian et Delphine sont français. → Ils sont français.
Le film et la pièce de théâtre sont intéressants. → Ils sont intéressants.

• Elles → pluriel des personnes ou des objets féminins.
Delphine et Claudia sont sympathiques. → Elles sont sympathiques.
La réunion et la conférence sont dans la salle 2. → Elles sont dans la salle 2.

■ EMPLOI DU VERBE « ÊTRE »

• **Heure et date**
Il est 5h 20. Nous sommes le 1er janvier.
• **Nationalité**
Elle est belge. Je suis italien. Ils sont chinois.
• **Qualité ou défaut**
Il est drôle. Elle est dynamique. Nous sommes professionnels.
• **Situation, état**
Je suis désolé. On est libre. Tu es divorcé ?

⚠ On ajoute un « s » aux noms et aux adjectifs pluriels : *Il est libre. → Ils sont libres.*

1. Soulignez les formes du verbe « être » dans le texte et entourez les sujets de chaque verbe.

2. Reliez.

1. Nous   a. suis
2. Tu   b. êtes
3. Vous   c. sont
4. Je   d. est
5. Ils   e. es
6. On   f. sommes
7. Elle

3. Choisissez la bonne réponse.

1. Tu es / est content / contents ?
2. Je êtes / suis libre / libres lundi.
3. Ils sont / est américain / américains.
4. On est / es ici
5. Nous sont / sommes deux.
6. Vous es / êtes sympathique / sympathiques.

4. Transformez avec des pronoms selon l'exemple.

✎ *Exemple : Les étudiants sont dans la salle 3. → Ils sont dans la salle 3.*

1. Le problème est difficile. _____
2. Karine et moi sommes fiancés. _____
3. Éric et Aurélia sont étudiants. _____
4. La maison est au 5 rue de la Liberté. _____

5. Complétez avec le verbe « être ».

1. La voiture _____ au parking.
2. Vous _____ satisfait ?
3. Nous _____ portugais.
4. Les chocolats _____ excellents.
5. Il _____ 5 heures.
6. Je _____ patient.
7. Tu _____ au cinéma ?
8. On _____ au restaurant.

6. Décrivez.

A. Nationalité : Suisse
Profession : architecte
Situation : célibataire
Sexe : féminin

B. Nationalité : Français
Profession : boulanger
Situation : divorcé
Sexe : masculin

C. Nationalité : Turcs
Profession : étudiants
Situation : célibataires
Sexe : masculins

A. _____
B. _____
C. _____

7. Décrivez-vous.

Je _____

2. AVOIR et L'ACCORD DES ADJECTIFS (1)

■ UN RENDEZ-VOUS IMPORTANT

 piste 3

Jeanne : 3 heures ! Oh là là ! je suis en retard. J'ai rendez-vous avec Alain Bachin à 3 heures.

Anne : Alain Bachin, le directeur du Théâtre du Soleil ?

Jeanne : Oui, oui.

Anne : Ah bon ! Il est sympa ? Il a quel âge ?

Jeanne : Il est très sympa et il a 40 ans.

Anne : Hum… Il a un rôle pour toi ?

Jeanne : Peut-être un projet de comédie musicale.

Anne : Tu es la future star internationale du Théâtre du Soleil !

Jeanne : Exactement… Bon, ciao !

Anne : Eh ! Nous avons Julien et Clara à dîner ce soir.

Jeanne : D'accord… Ils ont des billets pour le concert de samedi ?

Anne : Oui

Jeanne : Parfait ! Salut ! À ce soir !

Anne : Bonne chance !

■ DANS UNE AGENCE IMMOBILIÈRE

 piste 4

L'agent immobilier : Vous avez quel budget ?

L'homme : On a 800 ou 900 euros maximum.

L'agent : Pour ce prix nous avons un petit deux pièces. Il est situé dans le 19ᵉ*. Il y a une petite chambre, un grand salon, une salle de bains. Il est bien orienté, au sud.

La femme : Il est libre immédiatement ?

L'agent : Oui et j'ai les clés.

La femme : On a de la chance !

* Un des arrondissements de Paris.

1. Écoutez le premier dialogue et notez si c'est le verbe être ou avoir.

    ✎ *Exemple : J'ai rendez-vous → avoir.*

1. Il est sympa ?
2. Je suis en retard.
3. Il a un rôle pour toi ?
4. Tu es une star.
5. Nous avons Julien et Clara à dîner.
6. Vous êtes libres ?

2. Écoutez le deuxième dialogue et conjuguez.

    ✎ *Exemple : J'ai faim. Tu … → Tu as faim.*

1. J'ai froid. Tu _____
2. J'ai chaud. Vous _____
3. Il a mal à la tête. Elle _____
4. Elle a soif. Vous _____
5. Ils ont faim. Nous _____
6. Vous avez mal ? Tu _____

AVOIR

J'ai
Tu as
Il a / Elle / On a
Nous avons
Vous avez
Ils / Elles ont

– « ai » se prononce comme « est »
– « as » et « a » ont la même prononciation
– On_a → on fait la liaison (n)
– Nous_avons / vous_avez → on fait une liaison (z)
Ils_ont / elles_ont
Notez la différence de son :
Ils_ont / elles_ont (z) → avoir
Ils sont / elles sont (s) → être

⚠ Je → J' devant une voyelle (a, e, i, o, u, y) et h

■ EMPLOI DU VERBE AVOIR

• Âge
Quel âge avez-vous ? J'ai vingt-cinq ans. Et votre frère ? Il a vingt et un ans.

• Possession d'objets matériels ou abstraits
Elle a un grand appartement. Vous avez un parking ? Ils ont rendez-vous chez le dentiste.

• Composition de la famille
Nous avons trois enfants. Ils ont un oncle américain.

• Sensations
J'ai faim. Il a soif. Tu as froid ? Nous avons chaud. Elle a mal à la tête.

• « Il y a » : existence d'un objet ou d'une personne (singulier ou pluriel)
Il y a une boulangerie dans votre rue ?
Il y a 20 étudiants dans la classe.

■ ACCORD DES ADJECTIFS (1)

• L'adjectif s'accorde avec le nom :

une comédie musical**e**	nom féminin singulier	→ adjectif + **e**
des relations amical**es**	nom féminin pluriel	→ adjectif + **es**
des projets intéressant**s**	nom masculin pluriel	→ adjectif + **s**

1. Soulignez toutes les formes du verbe « avoir » et entourez les formes du verbe « être ».

2. Complétez avec des pronoms (plusieurs possibilités).

1. _____ as de la chance.
2. _____ avons un appartement.
3. _____ ai mal à la tête.
4. _____ avez l'heure ?

5. _____ a un problème.
6. _____ ont un petit budget.
7. _____ y a trois pièces.
8. _____ ont les clés.

3. Identifiez : être ou avoir ?

1. Elle a froid. _____
2. Il est malade. _____
3. Je suis contente. _____
4. Vous êtes d'accord ? _____
5. J'ai chaud. _____

6. Nous sommes à l'agence. _____
7. Tu as le temps ? _____
8. Ils sont sympathiques. _____
9. Il y a un parking. _____
10. Ils ont un enfant. _____

4. Choisissez la bonne réponse.

1. L'appartement es / est / grand / grande.
2. Mes amis sont / ont / gentil / gentils.
3. La voiture est / ai / petit / petite.
4. Vous êtes / avez / satisfait / satisfaits ?

5. Tu as / a les clés ?
6. On es / est dimanche.
7. Tu es / as malade ?
8. Nous sommes / avons chaud.

5. Complétez avec « être » ou « avoir » au présent.

1. Il y _____ du soleil et nous _____ chaud.
2. Tu _____ rendez-vous à 9 heures ! Tu _____ en retard.
3. Nous _____ désolés. Nous _____ un grave problème.
4. Vous _____ libre ? Vous _____ le temps ?
5. Il _____ beaucoup de travail et il _____ fatigué.
6. Ils _____ jeunes. Ils _____ quel âge ? Ils _____ vingt ans.
7. J' _____ un studio. Je _____ étudiante.

6. Répondez aux questions.

1. Quel âge avez-vous ? _____
2. Est-ce que vous avez une maison ou un appartement ? _____
3. Combien de pièces est-ce que vous avez ? _____
4. Est-ce qu'il y a des commerces dans votre rue ? _____
5. En général est-ce que vous êtes à l'heure ou en retard ? _____
6. En général est-ce que vous avez de la chance ? _____
7. Est-ce que vos amis sont français ou étrangers ? _____
8. Est-ce que vous avez des difficultés de prononciation en français ? _____

3. LES ARTICLES INDÉFINIS/DÉFINIS – LES POSSESSIFS (1) – C'EST/CE SONT

■ SOUVENIRS, SOUVENIRS

 piste **5**

Élodie : La petite fille, c'est moi à 5 ans.

Valentin : Oh ! tu es horrible !

Élodie : Merci ! Le garçon blond, c'est mon frère.

Valentin : Il est drôle.

Élodie : Oui, c'est un vrai clown… Les deux personnes à gauche, ce sont mes parents. C'est en Espagne, à l'hôtel Playa. Des vacances super !

Valentin : Et ta sœur ?

Élodie : Ma sœur ? Elle est sur une autre photo avec son petit ami. Regarde !

Valentin : Ah oui, il y a une grande différence d'âge entre ta sœur et toi.

Élodie : Oui, douze ans.

Valentin : C'est beaucoup !

Élodie : Oui, je suis un peu son enfant !

■ AU COMMISSARIAT DE POLICE

 piste **6**

Le policier : Votre nom et votre prénom ?

L'homme : Bosino Paul.

Le policier : Votre date de naissance ?

L'homme : Le 2 mars 1992.

Le policier : Votre adresse ?

L'homme : 5 rue du parc à Nantes.

Le policier : Mais…. votre prénom … c'est Marc, non ?

L'homme : Non, Marc c'est le prénom de mon frère.

Le policier : Ah bon ! Et sa date de naissance ?

L'homme : Le 2 mars 1992.

Le policier : Mais… c'est la même date de naissance !

L'homme : Oui ! On est jumeaux !

Le policier : Ah ! Je comprends ! Et son adresse ?

L'homme : 5 rue du parc à Nantes.

Le policier : Ah ! Mais c'est la même adresse !

L'homme : Eh oui, on habite ensemble.

Le policier : D'accord ! Désolé, la convocation c'est pour votre frère.

L'homme : Ah bon !

1. Écoutez les dialogues et dites si c'est vrai ou faux.

1. Élodie a deux frères.   2. Élodie a deux sœurs.   3. Élodie et sa sœur ont le même âge.

4. Paul a une sœur.   5. Paul a un frère.   6. Paul et son frère ont le même âge.

2. Écoutez et répétez comme dans l'exemple.

✏ *Exemple : C'est ta maison ? Oui, c'est ma maison.*

1. C'est ton frère ?   2. C'est ta sœur ?   3. Ce sont tes amis ?   4. C'est ta photo ?   5. C'est ton portable ?

■ *LES ARTICLES INDÉFINIS*

masculin	féminin	pluriel
un ami	**une** amie	**des** amis

> Devant une voyelle on fait la liaison avec :
> – le « n » : *un_ami*
> – le « s » : *des_amis*

■ *LES ARTICLES DÉFINIS*

masculin	féminin	masc. ou fém. commençant par une voyelle	masc. / fém. pluriel
le monsieur	**la** dame	**l'**homme	**les** personnes

■ *LES ADJECTIFS POSSESSIFS (1)*

• **L'adjectif s'accorde avec le nom qui suit.**

> Devant une voyelle ou le h on fait la liaison avec :
> – le « n » : *ton_amie, son_histoire*
> – le « s » : *ses_amis*

masculin ou mot commençant par une voyelle	féminin	pluriel
mon frère	**ma** sœur	**mes** parents
mon adresse		
ton père	**ta** profession	**tes** papiers
ton amie		
son oncle	**sa** tante	**ses** amis
son histoire		
votre appartement	**votre** famille	**vos** problèmes

■ *C'EST / CE SONT*

• **Présentation**

C'est + une personne ou une chose / **Ce sont** + des personnes ou des choses

C'est mon professeur.	*Ce sont mes amis.*
C'est ton université ?	*Ce sont tes affaires ?*

• **Description**

C'est / Ce sont + article + personne(s) ou chose(s)

C'est un acteur célèbre.	*Ce sont des acteurs célèbres.*
C'est une question stupide.	*Ce sont des questions stupides.*
C'est l'ami de Jean.	*Ce sont les amis de Jean.*

• **Jugement**

C'est + adjectif ou adverbe

C'est beau.	*C'est bizarre.*	*C'est beaucoup.*	*C'est bien !*

1. Relevez tous les possessifs et les noms puis transformez les possessifs en articles.

✏ *Exemple : mon frère → un frère, le frère*

2. Soulignez dans le texte « c'est ». Quand est utilisé « ce sont » ?

3. Complétez avec « C'est » ou « Ce sont ».

1. _____ super !   4. _____ mes souvenirs.

2. _____ vos papiers ? 5. _____ sa vie.

3. _____ ta cousine ? 6. _____ horrible !

4. Reliez. Qui est le possesseur ? (plusieurs possibilités)

1. Ton passeport   a. je
2. Votre billet   b. tu
3. Mon numéro   c. Il
4. Sa couleur   d. elle
5. Ses enfants   e. la voiture
6. Ta famille   f. Vous

5. Mettez au pluriel.

1. C'est ma fille. _____
2. C'est le voisin ? _____
3. C'est sa photo. _____
4. C'est un cousin. _____
5. C'est ton livre ? _____
6. C'est un fruit. _____
7. C'est la date. _____
8. C'est votre ami ? _____

6. Transformez selon l'exemple.

✏ *Exemple : Vous avez un enfant intelligent. → Votre enfant est intelligent.*

1. Il a une maison confortable.   _____ maison est confortable.
2. Tu as un rendez-vous important.   _____ rendez-vous est important.
3. Vous avez des amis sympathiques. _____ amis sont sympathiques.
4. Tu as des chaussures horribles.   _____ chaussures sont horribles.
5. Elle a une idée intéressante.   _____ idée est intéressante.
6. J'ai un grave problème.   _____ problème est grave.

7. Parlez des membres de votre famille (âge, situation de famille, profession). Utilisez les mots suivants si nécessaire. Employez des articles (un, une, des, le, la, l', les) et des possessifs.

père – mère – frère – sœur – grand-père – grand-mère – cousin – cousine – oncle – tante…

_____
_____
_____
_____

4. LA NÉGATION (1)

■ ÉPICERIE OU RESTAURANT ?

 piste **7**

(Au téléphone.)

Thomas : Allô ? Martin ? C'est Thomas.

Martin : Salut Thomas, ça va ?

Thomas : ça va. Bon, alors, on a rendez-vous à 9 heures à l'Épicerie ?

Martin : L'Épicerie ?

Thomas : Oui, en fait ce n'est pas une épicerie, c'est un restaurant. Il n'est pas grand. Il n'y a pas beaucoup de tables… peut-être cinq ou six. Et on ne réserve pas. C'est au métro Bastille. L'adresse est 10 rue de Lappe. Ce n'est pas difficile à trouver.

Martin : D'accord, à tout à l'heure !

■ JOUR DE MALCHANCE

 piste **8**

* Il existe deux cartes de réduction pour les jeunes : une pour les 12-17 ans et une pour les 18-27 ans.

(Dans le train.)

Le contrôleur : Vos billets s'il vous plaît.

Axel : Voilà.

Le contrôleur : Merci ! Hum ! Il y a un petit problème, vous n'êtes pas à la bonne place. Ici, c'est la 34 et vous êtes à la 35.

Axel : C'est la même chose !

Le contrôleur : Ah non, ce n'est pas la même chose !

Axel : Mais monsieur, il n'y a pas de passager à côté de moi.

Le contrôleur : Vous avez votre « carte jeune »* ?

Axel : Désolé, je n'ai pas ma carte de réduction sur moi.

Le contrôleur : Vous n'avez pas votre carte ?

Axel : Non, mais regardez-moi, monsieur, je suis jeune !

Le contrôleur : Ce n'est pas suffisant. J'ai besoin de la carte.

Axel : Ah là là ! Ce n'est pas mon jour de chance.

1. Écoutez le premier dialogue et répondez aux questions avec des phrases complètes.

1. Thomas et Martin ont rendez-vous à quelle heure ?   2. L'épicerie c'est un restaurant ou une épicerie ?

3. C'est un grand restaurant ?   4. Un restaurant de dix ou six places ?

5. On réserve des places dans ce restaurant ?   6. C'est un restaurant difficile à trouver ?

2. Écoutez le deuxième dialogue et répondez aux questions avec des phrases complètes.

1. Il y a un problème ?   2. Il est à sa place ?   3. Le garçon a son billet ?

4. Il a sa carte de réduction ?   5. Le contrôleur est gentil ?   6. Il y a beaucoup de passagers ?

■ *LA NÉGATION*

- **NE** + **le verbe conjugué** + **PAS**
  N' (+ **voyelle**)

> Le « s » final ne se prononce pas devant une consonne :
> *Nous n'avons pas. Ils n'ont pas. Elles ne sont pas.*

ÊTRE

Je ne suis pas
Tu n'es pas
Il / elle / on n'est pas
Nous ne sommes pas
Vous n'êtes pas
Ils / elles ne sont pas

C'est → Ce n'est pas

AVOIR

Je n'ai pas
Tu n'as pas
Il / elle / on n'a pas
Nous n'avons pas
Vous n'avez pas
Ils n'ont pas

Il y a → Il n'y a pas

- La liaison avec :
le « n' »   Tu n'_es pas, il n'_est pas, vous n'_êtes pas
            Je n'_ai pas, tu n'_as pas, il n'_a pas
            Nous n'_avons pas, vous n'_avez pas, ils n'_ont pas
le « y »   Il n'_y_a pas
- « n'_ai pas » et « n'_es pas » et « n'_est pas » : même prononciation.

- **PAS DE / PAS D'** (+ **voyelle**)

À la forme négative « un », « une », « des » se transforment en « pas de » ou « pas d' ».
*Tu as **une** sœur ? – Non, je n'ai **pas de** sœur.*
*Dans son appartement il y a **un** balcon ? – Non, il n'y a **pas de** balcon.*
*Elle a **des** amis à Londres ? – Non, elle n'a **pas d'**amis à Londres.*

« Le », « la », « l' », « les » ne changent pas.
Vous avez la télévision ? – Non, je n'ai pas la télévision.
Ils aiment la montagne ? – Non, ils n'aiment pas la montagne.

un…		le…		pas **le**…
une…	→ pas **de**	la…	→	pas **la**…
des…		l'…		pas **l'**…
		les…		pas **les**…

Remarque. Quand ils parlent vite, les Français ont tendance à supprimer le « ne » et aussi une partie du pronom :
J'_ai pas le temps.   T'_es pas fou ?   Y_a pas de train.   C'est pas possible !

1. Soulignez toutes les négations dans le dialogue.

2. Complétez avec « ne » ou « n' ».

1. Claude _____ a pas de voiture
2. Mes amis _____ sont pas là.
3. Votre carte _____ est pas valable.
4. Ce _____ est pas possible !

5. François et Marie _____ ont pas l'adresse.
6. Tu _____ as pas l'heure s'il te plaît ?
7. Nous _____ sommes pas libres demain.
8. Il _____ y a pas beaucoup de clients.

3. Mettez dans l'ordre.

1. grave / n' / ce / pas / est _____
2. de / pas / il / place / y / a / n' _____
3. suis / je / contente / ne / pas _____
4. Ils / ticket / n' / de / pas / ont _____
5. êtes / demain ? / n' / là / pas / vous _____

4. Mettez à la forme négative.

1. Elle est jeune. _____
2. Vous avez 20 euros ? _____
3. Nous avons le temps. _____
4. C'est simple. _____
5. Ils ont le plan de Paris. _____
6. Je suis grande. _____

5. Répondez.

1. Vous avez des enfants ? – Oui, nous _____
2. Tu es professeur ? – Non, _____
3. Il a des problèmes ? – Non, _____
4. Tu as une cigarette ? – Oui, _____
5. Ils ont un appartement ? – Non, _____
6. Vous avez une photo ? – Non, _____

6. Complétez le dialogue

– Allô, Diane ? ça va ? – Non, ça _____ va _____ Je suis malade.

– C'est grave ? – Non, ce _____ grave, juste un gros rhume.

– Tu as le numéro de téléphone d'Éric ? – Non, désolée, je _____ son numéro.

– Tu es libre samedi prochain ? – Non, je _____ libre, je suis à Oslo. Je _____ à Paris.

■ BILAN 1

1. Reliez.

1. Anne et Jean   a. avez mal à la tête ?
2. Nous   b. est au centre ville.
3. L'appartement   c. ont trois enfants.
4. Vous   d. ai faim.
5. Le restaurant   e. avons rendez-vous à 9 heures.
6. J'   f. est ouvert ?
7. On   g. a le temps.

2. Complétez avec le verbe « être ».

1. Tu n'es pas libre.   Tu _____ occupé.
2. Il a un passeport brésilien.   _____ brésilien.
3. Ils n'ont pas d'argent.   _____ pauvres.
4. Nous ne sommes pas contents.   _____ mécontents.
5. Vous avez des idées.   _____ créatifs.

3. Complétez avec « avoir » ou « être » au présent.

1. Elle _____ célibataire, mais elle _____ un petit ami.
2. Nous _____ contents : nous _____ un bon salaire.
3. J' _____ une réunion à 10 heures . C' _____ important pour moi.
4. Vous _____ américain ? Vous _____ un accent anglais !
5. Tu _____ huit ans ! Tu _____ un grand garçon !
6. Les spectateurs _____ contents. Ils _____ des billets gratuits.

4. Mettez au pluriel.

1. Il est sympathique.   _____
2. Tu as quel âge ?   _____
3. Je suis optimiste.   _____
4. Elle a la carte de travail.   _____
5. J'ai des informations.   _____

5. Complétez avec « c'est » ou « il y a ».

1. Le musée Pompidou ? _____ un musée d'Art moderne.
2. Dans cette école _____ 200 enfants de toutes les nationalités.
3. _____ beaucoup de pistes cyclables. _____ bien pour les cyclistes.
4. _____ une petite rue : _____ une boulangerie et une pharmacie.
5. _____ un film à 20h 30 à la télévision. _____ une comédie.

6. Mettez au pluriel.

1. C'est un ami. _____

2. Il y a un magasin. _____

3. C'est le livre. _____

4. Il y a une photo. _____

5. C'est la photocopie. _____

7. Répondez à la forme négative.

1. Vous avez un travail ? – Non, nous _____

2. Il y a des places libres ? – Non, il _____

3. Elles ont l'adresse ? – Non, elles _____

4. Tu as des projets pour le week-end ? – Non, je _____

5. Elle a une carte d'identité ? – Non, elle _____

6. Ils ont la solution ? – Non, ils _____

7. C'est grave ? – Non, ce _____

8. Complétez ces échanges avec les expressions suivantes :

Exemple : Le dictionnaire est à toi ? → Oui, c'est mon dictionnaire.

1. Le passeport est à lui ? – Oui, c' _____

2. Les billets sont à toi ? – Oui, ce _____

3. L'appartement est à elle ? – Non, ce _____

4. La maison est à toi ? – Oui, c' _____

5. Le gâteau est pour moi ? – Oui, c' _____

9. Complétez cette conversation avec les verbes « être » ou « avoir ».

– Vous avez quel âge ?

– _____ vingt-cinq ans.

– Vous _____ un diplôme d'ingénieur ?

– Non, je _____ de diplôme d'ingénieur, mais j' _____ un diplôme de technicienne en informatique.

– Vous _____ libre pour voyager ?

– Oui, _____ totalement libre. Je _____ pas d'enfant.

– Pour travailler en Chine par exemple ?

– Il n' _____ problème. Je _____ d'accord.

5. LE PRÉSENT DES VERBES EN « ER » ET LA QUESTION SIMPLE

■ *DÉPRIME*

 piste **9**

(Chez le docteur.)

La patiente : Docteur, je suis très fatiguée et déprimée.

Le docteur : Vous travaillez beaucoup en ce moment ?

La patiente : Je travaille normalement… mais je n'aime pas mon travail.

Le docteur : Est-ce que vous cherchez un autre travail ?

La patiente : Non, je ne suis pas motivée.

Le docteur : Est-ce que vous mangez correctement ?

La patiente : Je ne mange pas beaucoup, je n'ai pas faim.

Le docteur : Est-ce que vous pratiquez un sport ?

La patiente : Je déteste le sport.

Le docteur : Hum… bon, je pense que ce n'est pas grave. Je vous donne seulement des vitamines.

■ *UN WEEK-END EN AMOUREUX*

 piste **10**

(Un couple discute.)

Joseph : Sonia, tu prépares ta valise ?

Sonia : Ma valise ?

Joseph : Voilà notre programme pour le week-end : demain départ de Paris à 13 heures. On arrive à Nice à 14 h 30. On pose nos valises à l'hôtel et on visite le vieux Nice. Le soir, on dîne en tête à tête. Dimanche on loue une voiture pour aller à Monaco. On passe la journée et on rentre à 20 heures à Paris. Super, non ?

Sonia : Oui, mais tu oublies quelque chose.

Joseph : Quoi ?

Sonia : Nous avons deux enfants…

Joseph : Ah, oui, les enfants !… eh bien ! ils restent chez tes parents !

Sonia : Joseph, tu es gentil et je t'adore, mais tu ne penses pas que tu exagères un peu ?

1. Écoutez le premier dialogue et répondez aux questions avec des phrases complètes.

1. Est-ce que la femme est chez le docteur ou chez le dentiste ?   2. Est-ce que la femme a un problème ?

3. Est-ce qu'elle travaille ?   4. Est-ce qu'elle aime son travail ?   5. Est-ce qu'elle mange beaucoup ?

6. Est-ce qu'elle pratique un sport ?   7. Est-ce que le docteur donne quelque chose à cette femme ?

2. Écoutez le deuxième dialogue et répondez aux questions avec des phrases complètes.

1. Sonia et Joseph ont des enfants ?   2. Est-ce que Joseph a un projet pour le week-end ?

3. Est-ce qu'il oublie quelque chose ?   4. Est-ce que Sonia aime Joseph ?   5. Est-ce que Joseph est gentil ?

PARLER

Je parle	*Je ne parle pas*
Tu parles	*Tu ne parles pas*
Il / elle /on parle	*Il/ elle / on ne parle pas*
Nous parlons	*Nous ne parlons pas*
Vous parlez	*Vous ne parlez pas*
Ils / elles parlent	*Ils / elles ne parlent pas*

AIMER

(⚠ aux liaisons)

J'aime	*Je n'aime pas*
Tu aimes	*Tu n'aimes pas*
Il / elle / on aime	*Il / elle /on n'aime pas*
Nous aimons	*Nous n'aimons pas*
Vous aimez	*Vous n'aimez pas*
Ils / elles aiment	*Ils / elles n'aiment pas*

Remarque : Beaucoup de verbes français ont leur infinitif en « er » : ce sont les verbes « du 1er groupe ».
Travailler, manger, déjeuner, dîner, regarder, écouter, commencer, terminer, etc.

> On ne prononce pas le « e », « es » ou « ent »
> (je) parle, (tu) parles, (il/ elle/on) parle, (ils)
> parlent → même prononciation
> On prononce « ez » et « er »
> parler, parlez → même prononciation

■ *VALEUR DU PRÉSENT*

On utilise le présent :

– pour une action régulière : *Nous déjeunons tous les jours au restaurant universitaire.*

– pour une action qui se fait maintenant : *Une minute ! Je parle à Alexandre.*

■ *LA QUESTION SIMPLE*

La réponse est : *oui…, non…, peut-être… bien sûr…*

– avec intonation (familier)

Tu travailles aujourd'hui ? – Oui, je travaille aujourd'hui.

Vous déjeunez à 13 heures ? – Non, nous déjeunons à midi.

– avec « **Est-ce que** » ou « **est-ce qu'** » (+ voyelle) avant le sujet et le verbe.

Est-ce que tu travailles aujourd'hui ? Est-ce que vous déjeunez à 13 heures ?

1. **Soulignez tous les verbes et leur sujet.**

2. **Soulignez les terminaisons de ces verbes correspondant à chaque pronom personnel : <u>tu</u> parl<u>es</u>.**

3. **Reliez (plusieurs possibilités).**

   1. Nous   a. travaillez ici ?
   2. Mon professeur   b. déjeunent à la cafétéria.
   3. Tu   c. pensez que c'est intéressant ?
   4. Elle   d. adorons la montagne.
   5. Vous   e. aime visiter les musées.
   6. Mes collègues   f. restes chez toi ce week-end ?

4. **Complétez.**

   1. Est-ce que vous aim_____ le chocolat ?
   2. Elle ador_____ la musique.
   3. Nous rest_____ chez nous ce week-end.
   4. On cherch_____ une place.

   5. Tu laiss_____ tes affaires ici ?
   6. Je n'arriv_____ pas à 16 heures mais à 17 heures.
   7. Les Français aim_____ bien manger.
   8. Tu prépar_____ ton examen ?

5. **Trouvez les questions correspondant aux réponses.**

   1. _____ ?   – Oui, j'aime bien mon travail.
   2. _____ ?   – Non, ils ne dînent pas avec nous.
   3. _____ ?   – Oui, elle visite souvent les expositions.
   4. _____ ?   – Oui, nous louons quelquefois des DVD.

6. **Répondez.**

   1. Est-ce que vous écoutez beaucoup la radio ?   – Oui, _____
   2. Est-ce que vous détestez la publicité ?   – Non, _____
   3. Est-ce qu'elle aime rester des heures à table ? – Non, _____
   4. Est-ce qu'ils invitent beaucoup d'amis ?   – Non, _____
   5. Est-ce que tu dînes tard le soir ?   – Oui, _____
   6. Est-ce que nous restons ici ?   – Oui, _____

7. **Écrivez une petite annonce. Présentez-vous et utilisez certains des verbes proposés pour expliquer vos activités, vos préférences, etc.**

   aimer – détester – adorer – regarder – écouter – chercher – voyager – organiser – pratiquer

   Je m'appelle _____ j'ai _____ , je suis _____
   je _____ j'_____

6. IL FAUT – LES PARTITIFS ET L'ACCORD DES ADJECTIFS (2)

■ *LES CRÊPES*

 piste **11**

La femme : Bon, alors pour faire des crêpes, il faut des œufs.

L'homme : Il y a six œufs.

La femme : Très bien. Il faut aussi du lait.

L'homme : On a du lait frais.

La femme : Parfait ! de la farine.

L'homme : Zut ! On n'a pas de farine !

La femme : Ah ! pas de farine, pas de crêpe ! Une seule solution : Acheter de la farine à l'épicerie.

L'homme : D'accord ! J'y vais*. Il faut autre chose ?

La femme : Des cigarettes.

L'homme : Quoi ! tu fumes encore !

La femme : Oh là là !

* Je vais à l'épicerie.

■ *UN NOUVEAU TRAVAIL*

 piste **12**

Clara : Tu es contente de ton nouveau travail ?

Dorothée : Je suis ravie.

Clara : Travailler avec des personnes âgées c'est difficile, non ?

Dorothée : Oui, il faut de la patience, de l'énergie, du courage, de l'humour, de l'optimisme.

Clara : … et de la générosité. Tu es une personne généreuse, toi !

Dorothée : Merci ! mais tu sais l'ambiance est importante aussi. J'ai des collègues sympathiques. Le médecin chef est très positif, très drôle et très compétent. On forme une belle équipe… Et toi ?

Clara : Moi, ça va, pas de changement. Le train-train*…

* Le train-train : la vie sans surprise.

1. Écoutez les dialogues et barrez les éléments faux.

1. Pour les crêpes il faut du lait, de la crème, du poivre, de la farine.

2. Dorothée travaille avec des enfants. Elle a de l'humour, des problèmes, des collègues antipathiques.

2. Écoutez et notez l'article que vous entendez : *du, de la, de l'* ou *des*.

1. Nous avons … amis à Paris.	2. Tu veux … eau ?	3. Elle a … difficultés.
4. J'ai … travail.	5. Tu as … monnaie ?	6. Ils ont … chance !

- IL FAUT = **il est nécessaire / il est nécessaire d'avoir**

Il faut de la patience pour être professeur.

Il faut manger pour vivre.

Le verbe **falloir** existe seulement avec « il » (impersonnel).

■ *UNE CERTAINE QUANTITE NON PRÉCISÉE*

- **DU + nom masculin**

le lait → **du** lait

le courage → **du** courage

- **DE LA + nom féminin**

la farine → **de la** farine

la patience → **de la** patience

- **DE L' + nom commençant par une voyelle ou un « h »**

l'argent → **de l'**argent

l'humour → **de l'**humour

- **DES + nom pluriel**

les œufs → **des** œufs

les cigarettes → **des** cigarettes

■ *UNE QUANTITE NULLE*

Du courage ? **Pas de** courage.

De la patience ? **Pas de** patience.

De l'énergie ? **Pas d'**énergie.

Des cigarettes ? **Pas de** cigarettes.

 **De** + a, e, i, o, u, y et h = **D'** a, e, i, o, u, y et h.

■ *ACCORD DES ADJECTIFS (2)*

Ils s'accordent avec le nom.

- **On ajoute « e » pour le féminin singulier.**

Mon collègue est marié. → *Ma collègue est marié**e**.*

Mon frère est grand. → *Ma sœur est grand**e**.*

⚠ Si l'adjectif se termine par « e » sans accent, pas de changement.

   Mon collègue est sympathique. → *Ma collègue est sympathiqu**e**.*

- **On ajoute « s » pour le pluriel.**

Mes parents sont âgé**s**.

Mes sœurs sont marié**es**.

Il est marié. / Elle est mariée. → marié et mariée : même prononciation

Si l'adjectif se termine par une consonne avec le « e » on prononce la consonne.

Il est grand. → *Elle est grand**e**.*   *Il est petit.* → *Elle est petit**e**.*

Il est français. → *Elle est français**e**.*   *Il est américain.* → *Elle est américain**e**.*

Certains adjectifs ont des féminins irréguliers :

Par exemple : **eux → euse** : généreuse, heureuse, amoureuse…

if → ive : active, sportive, créative…

Et aussi : bon → bonne   beau → belle   nouveau → nouvelle   gentil → gentille

---

⚠ Avec « c'est » l'adjectif est toujours au masculin : *La cathédrale de Notre-Dame, c'est beau !*

1. Soulignez les expressions de quantité dans les deux dialogues.

2. Relevez les adjectifs dans le deuxième dialogue et classez-les : masculin singulier, féminin singulier, masculin pluriel, féminin pluriel.

3. Changez l'article : utilisez « du », « de la » , « de l' », « des ».

1. le lait _du lait_   4. la crème _de la crème_   7. l'énergie _de l'énergie_

2. les œufs _des œufs_   5. le pain _du pain_   8. les problèmes _des problèmes_

3. l'eau _de l'eau_   6. le vin _du vin_   9. le beurre _du beurre_

4. Complétez par « du », « de la », « de l' », « des ».

1. Il a _du_ chance.

2. Nous avons _des_ questions.

3. Je voudrais _du_ pain.

4. Tu bois _de la_ thé ou _du_ café ?

5. Vous avez _de l'_ argent liquide ?

6. Je voudrais _des_ informations.

7. Il faut boire _de l'_ eau.

8. Tu veux _de la_ sel et _du_ poivre ?

9. J'achète _du_ poisson.

10. J'ai _de la_ patience aujourd'hui !

5. Répondez à la forme négative.

1. Du sucre dans votre café ?   – Non, _je ne veux pas de sucre dans mon café._

2. Vous voulez du vin ?   – Non merci, _je ne veux pas du vin._

3. Tu as des problèmes ?   – Non, _je n'ai pas des problèmes_

4. Elle mange de la viande ?   – Non, _elle ne mange pas la viande._

5. Vous avez de la monnaie ?   – Non, _je n'ai pas de la monnaie._

6. Complétez, si nécessaire, avec « e », « s » ou « es » (plusieurs possibilités).

1. Nous sommes content _s_ .

2. Il est intéressant _____ .

3. C'est important _____ .

4. Elles sont drôle _s_ .

5. Je suis petit _____ .

6. Elle est divorcé _es_ .

7. Elles sont fatigué _es_ .

8. Ils sont jeune _s_ .

9. Elle est grand _e_ .

7. À vous ! Répondez.

1. En général est-ce que vous avez de la chance ?   _Non, je pense que je n'ai pas de chance._

2. Est-ce que vous avez de l'énergie le matin ?   _Oui, j'ai de l'énergie le matin._

3. Est-ce que vous mangez des fruits le matin ?   _Non, je mange des toasts._

4. En général, est-ce que vous avez de la patience ?   _Oui, je pense que je suis une personne patiente._

8. Faites votre portrait en utilisant les adjectifs de votre choix.

grand(e)/petit(e) – sympathique – optimiste/pessimiste – sportif/sportive – jeune/âgé(e) – actif/active – drôle – calme…

je suis une optimiste.

7. FAIRE ET DIRE – EST-CE QUE… / QU'EST-CE QUE… ?

■ NOËL EN FAMILLE

 piste 13

Simon : Qu'est-ce que tu fais à Noël ?

Julien : Je fais du ski en Finlande.

Simon : En Finlande ? mais il n'y a pas de montagnes en Finlande !

Julien : Je fais du ski sur la mer gelée, c'est génial !… et vous deux, est-ce que vous faites un beau voyage comme l'année dernière ?

Simon : Non, on va simplement à Lyon dans ma famille. C'est une bonne occasion d'être ensemble. On fait un grand dîner. Tout le monde fait la cuisine. On discute, on mange, on joue. On fait la fête !

Véronique : On fait aussi de la musique et on chante.

Julien : Beau programme !

■ UNE FEMME AU FOYER*

 piste 14

Le mari : Qu'est-ce que tu as ? Tu fais la tête ?

La femme : Oui, je fais la tête parce que tu dis que je ne travaille pas !… mais je fais les courses, je fais le ménage, je fais la cuisine, je fais la vaisselle Je fais tout dans la maison ! Alors est-ce que je ne travaille pas ?

Le mari : Si, si tu travailles !

La femme : Et toi qu'est-ce que tu fais ?

Le mari : Ben… je travaille au bureau.

La femme : D'accord, mais pas dans la maison. On travaille dans des domaines différents, c'est tout !

Le mari : Tu as raison.

* Une femme qui reste à la maison.

1. Écoutez le premier dialogue et répondez aux questions avec des phrases complètes.

1. Est-ce que Julien va en Suède ou en Finlande à Noël ?
2. Qu'est-ce qu'il fait ?
3. Ses amis passent Noël en France ?
4. Qu'est-ce qu'ils font à Noël ?

2. Écoutez le deuxième dialogue et répondez aux questions avec des phrases complètes.

1. Est-ce que la femme travaille ?
2. Qu'est-ce qu'elle fait ?
3. Est-ce qu'elle est contente ?
4. Est-ce que son mari travaille?
5. Et vous, est-ce que vous travaillez ?
6. Qu'est-ce que vous faites ?

FAIRE

Je fais
Tu fais
Il fait
Nous faisons
Vous faites
Ils font

DIRE

Je dis
Tu dis
Il dit
Nous disons
Vous dites
Ils disent

Notez la forme irrégulière du « vous » : vous **faites** / vous **dites**
La forme irrégulière du « ils » : ils **font**

- (vous) faites se prononce comme « fête »
- Il dit (singulier) Ils disent (pluriel)

■ EST-CE QUE... ? QU'EST-CE QUE... ?

• **Question fermée.** Réponse : oui… non… peut-être… bien sûr…

Est-ce que tu aimes le chocolat ?   – Oui, j'aime le chocolat.
Est-ce qu'ils travaillent ici ?   – Non, ils ne travaillent pas ici.
Est-ce que vous faites du sport ?   – Bien sûr, nous faisons du sport.

 Après une question négative on répond « si » (ou non).
   Tu n'aimes pas la musique ? – Si ! j'adore.

• **Question ouverte.** Réponse : je, tu, il, elle, on, nous, vous, ils, elles, ce, c'…

Qu'est-ce que vous faites le week-end ?   – Je fais du vélo.
Qu'est-ce qu'ils disent ?   – Ils parlent en chinois, je ne comprends pas.
Qu'est-ce que c'est ?   – C'est un film de science-fiction.

Pour les sports et la musique, on utilise : Faire + du, de la, de l', des
*Elle fait **de la** danse.*
*Tu fais **du** piano !*
*Je fais **de** l'aérobic.*

 Que → qu' + a, e, i, o, u, y et h

1. Relevez les expressions avec « faire ».

2. Complétez avec « faire » ou « dire » au présent (plusieurs possibilités).

1. Je ne _____ pas ça.

2. Tu _____ bien la cuisine ?

3. Elle _____ des erreurs.

4. Nous _____ : « Non ! »

5. Qu'est-ce que vous _____ ?

6. Ils _____ la fête tous les jours !

7. Elle _____ que c'est possible.

8. Elles _____ la vérité.

3. Choisissez la bonne réponse.

1. Est-ce qu(e) / Qu'est-ce qu(e) tu dis ? _____

2. Est-ce qu(e) / Qu'est-ce qu(e) c'est bien ? _____

3. Est-ce qu(e) / Qu'est-ce qu(e) tu fais ce week-end ? _____

4. Est-ce qu(e) / Qu'est-ce qu(e) vous voulez boire ? _____

5. Est-ce qu(e) / Qu'est-ce qu(e) ils aiment ? _____

6. Est-ce qu(e) / Qu'est-ce qu(e) vous travaillez beaucoup ? _____

4. Reliez (plusieurs possibilités).

A. tu   a. êtes là demain ?
B. vous   b. fait le dimanche ?
1. Qu'est-ce que   C. votre famille   c. disent ?
2. Est-ce que   D. tes parents   d. fais aujourd'hui ?
E. je   e. faites des projets ?
          f. dites ?

5. Trouvez les questions.

1. – Oui, j'aime beaucoup cette photo. _Est-ce que tu aimes beaucoup cette photo?_

2. – Non, je ne suis pas fatigué. _Est-ce que tu es fatigué?_

3. – Le week-end, il fait du jardinage. _Qu'est-ce qu'il fait le week-end?_

4. – Nous préparons un pique-nique. _Qu'est-ce que vous préparez?_

5. – Oui, vous réservez les billets. _Est-ce que nous réservons les billets?_

6. – Si, elle est très contente. _Est-ce qu'elle contente?_

6. Répondez librement aux questions.

1. Est-ce que vous faites beaucoup la cuisine ou est-ce que vous achetez des plats préparés ?

Oui, Nous achetons des plats préparés.

2. Qu'est-ce que vous faites pendant le week-end ?

Nous faisons du ski. Pendant le week-end.

3. Est-ce que vous dites toujours la vérité ?

Oui, Nous ditons toujours la vérité.

■ BILAN 2

1. Mettez au présent.

1. Ils _aiment_ (aimer)
2. Vous _dînez_ (dîner)
3. Tu _cherces_ (chercher)
4. On _prépare_ (préparer)
5. Je _pense_ (penser)
6. Nous _louons_ (louer)
7. Il _travaille_ (travailler)
8. Elles _restent_ (rester)

2. Accordez les adjectifs si nécessaire.

1. La maison est petit____ mais le jardin est grand____
2. Ma cousine est divorcé____ Elle a trois grand____ enfants.
3. Le problème est compliqué____ et votre solution est intéressant____
4. Elle est anglais____, jeune____ et dynamique____
5. Elles sont très patient____ avec les personnes âgé____
6. Ma collègue est compétent____
7. Les étudiants sont sympathique____ et sérieux____

3. Complétez avec des adjectifs au féminin.

1. C'est une _____ exposition. (beau)
2. Il a une _____ idée. (bon)
3. Elle est très _____ (gentil)
4. Il a une _____ voiture. (nouveau)
5. Elles sont _____ (sportif)
6. Je suis très _____ ! (heureux)

4. Mettez à la forme négative.

1. Nous déjeunons au restaurant. _____
2. Tu passes tes vacances au Canada ? _____
3. Elle arrive demain ? _____
4. Vous cherchez un nouveau travail ? _____
5. On travaille aujourd'hui. _____
6. Il faut parler. _____
7. J'écoute la radio. _____

5. Complétez avec les verbes au présent.

travailler – être – adorer – détester – faire – jouer – dire – avoir – aimer – former

Henri _travaille_ dans une petite entreprise. Il _est_ électricien.
Il _adore_ les voyages. Il _déteste_ rester dans sa région. Il _fait_
beaucoup de sport. Il _joue_ au football.
Ses amis _dites_ qu'il _a_ beaucoup d'humour.
Nous aussi nous _aimons_ bien Henri. Nous _formons_ une belle équipe.

6. Complétez avec « est-ce que » ou « qu'est-ce que ».

1. _____ vous faites comme sport ? – Je fais du tennis.

2. _____ vous aimez votre travail ? – Oui, beaucoup.

3. _____ vos enfants habitent avec vous ? – Oui, bien sûr.

4. _____ vous préférez la mer ou la montagne ? – Les deux.

5. _____ vos études sont difficiles ? – Non, ça va.

6. _____ vous faites le week-end ? – J'invite des amis.

7. _____ vous pensez des élections ? – Je n'aime pas la politique.

7. Changez le « tu » en « vous ».

1. Est-ce que tu fais des études ? _____

2. Tu ne restes pas ici ce soir ? _____

3. Est-ce que tu dis la vérité ? _____

4. Est-ce que tu es satisfait ? _____

5. Tu arrives lundi ? _____

6. Tu n'as pas le temps. _____

7. Tu étudies les mathématiques ? _____

8. Trouvez la question correspondant à la réponse.

1. Nous faisons la cuisine. _____

2. Elle dit que c'est cher. _____

3. Oui, je mange bien à la cantine. _____

4. Je n'aime pas la couleur. _____

5. Non, ma famille n'est pas là. _____

6. Il y a un accident. _____

7. Bien sûr, j'invite toute la classe. _____

9. Choisissez la bonne réponse.

1. Dans ce gâteau il y a du chocolat / il y a le chocolat.

2. Il n'y a pas des candidats / il n'y a pas de candidats.

3. C'est bon de manger les légumes / de manger des légumes.

4. J'aime les fruits / j'aime des fruits.

5. Il déteste du café / il déteste le café.

6. On n'a pas de l'argent / on n'a pas d'argent.

7. Je n'ai pas du travail / je n'ai pas de travail.

8. VOULOIR ET POUVOIR – LES DÉMONSTRATIFS

■ *STATIONNEMENT INTERDIT*

Le gardien : Monsieur, vous ne pouvez pas stationner ici.

L'automobiliste : Mais je ne peux pas trouver de place !

Le gardien : Vous pouvez stationner au parking là-bas.

L'automobiliste : Mais je ne veux pas payer 10 euros de l'heure !

Le gardien : Désolé, c'est une sortie de garage. Si vous restez ici, les gens de cet immeuble ne peuvent pas sortir.

L'automobiliste : Mais si ! ils peuvent sortir.

Le gardien : Non, monsieur. Vous voulez que j'appelle la police ?

L'automobiliste : Oh ! ça va, ça va…

■ *RÉBELLION*

L'enfant : Je ne veux pas aller à l'école.

La mère : Pardon, tu peux répéter ?

L'enfant : Je veux bien aller à l'école cet après-midi, mais pas ce matin.

La mère : Qu'est-ce que tu as ? Qu'est-ce que c'est que cette histoire* ? Qu'est-ce qu'il y a ce matin ?

L'enfant : Le cours de maths.

La mère : Et alors ?

L'enfant : Je déteste ce cours.

La mère : Mais c'est incroyable ces enfants ! Maintenant ils décident quand ils veulent aller à l'école ! Tu vas à l'école, un point c'est tout !

* Familier

1. Écoutez les dialogues et répondez aux questions avec des phrases complètes.

1. Qu'est-ce que le monsieur dit au gardien ?

2. Qu'est-ce que le gardien dit ?

3. Qu'est-ce que le gardien veut faire ?

4. Qu'est-ce que le petit garçon dit à sa mère ?

5. Qu'est-ce que la mère dit ?

6. Est-ce que la mère est d'accord ?

2. Mettez à la forme négative.

1. Je veux habiter ici.   2. Elle veut payer.   3. On peut entrer.   4. Ils veulent dîner.

5. Nous pouvons parler.   6. Vous voulez danser ?   7. Vous pouvez travailler ?   8. Tu peux répéter?

VOULOIR

Je veux
Tu veux
Il veut
Nous voulons
Vous voulez
Ils veulent

POUVOIR

Je peux   *Je ne peux pas*
Tu peux   *Tu ne peux pas*
Il peut   *Il ne peut pas*
Nous pouvons   *Nous ne pouvons pas*
Vous pouvez   *Vous ne pouvez pas*
Ils peuvent   *Ils ne peuvent pas*

Notez la différence de prononciation entre le singulier
et le pluriel.
Il veut / Ils veulent   *Il peut / Ils peuvent*

« Je voudrais » est plus poli pour une demande :
Je voudrais une baguette et deux croissants, s'il vous plaît.
« Je veux bien » = j'accepte
Tu veux un café ? – Je veux bien, merci.

■ *LES ADJECTIFS DÉMONSTRATIFS*

• **L'adjectif démonstratif s'accorde avec le nom qui suit.**

un matin	masculin singulier →	ce matin
une année	féminin singulier →	cette année
des gens	masculin pluriel →	ces gens
des histoires	féminin pluriel →	ces histoires

• **Si le nom, ou l'adjectif qui suit, est masculin et commence par a, e, i, o, u, y (et parfois h) :**

ce → cet

un ami → ce ami → cet ami

un agréable moment → ce agréable moment → cet agréable moment

un hôpital → ce hôpital → cet hôpital

« cet « et « cette » ont la même prononciation.
On fait la liaison avec le « s » : **ces** ‿enfants.

1. Relevez les démonstratifs dans le dialogue avec le nom qui suit. Identifiez le genre des noms.

2. Complétez par « un », « une », « des » puis par « ce », « cet », « cette », « ces ».

1. _____ appartement → _____ appartement   5. _____ informations → _____ informations

2. _____ soir → _____ soir   6. _____ place → _____ place

3. _____ week-end → _____ week-end   7. _____ enfant → _____ enfant

4. _____ semaine → _____ semaine   8. _____ école → _____ école

3. Transformez selon l'exemple.

✎ *Exemple : Tu répètes. → Tu veux répéter ? Tu peux répéter ?*

1. Elle travaille. → _____

2. Ils visitent le musée. → _____

3. Nous dansons. → _____

4. Qu'est-ce que vous faites ? → _____

5. Il ne parle pas. → _____

6. Qu'est-ce qu'elle dit ? → _____

4. Répondez aux questions avec les verbes « pouvoir » ou « vouloir ».

1. Est-ce que tes enfants veulent aller à la piscine ?   – Bien sûr, _____

2. Est-ce que vous voulez un verre d'eau ?   – Oui, je _____

3. Est-ce qu'elle peut signer ce document ?   – Non, elle _____

4. Est-ce que tes parents peuvent garder les enfants ?   – Non, ils _____

5. Est-ce que vous voulez un ticket ?   – Oui, nous _____

5. Complétez ce dialogue avec des verbes « pouvoir » et « vouloir » et les démonstratifs (ce, cet, cette, ces).

– Qu'est-ce que tu fais _____ matin ?

– Je _____ aller voir ma grand-mère et déjeuner avec elle.

– On _____ prendre un café après ?

– D'accord, _____ après-midi je suis libre jusqu'à 5 heures, après je ne _____ pas.

– Alors vers 3 heures. Tu _____ ? – Oui, je _____ .

– Alors rendez-vous au Bazart, tu sais _____ petit café près du musée d'Art moderne.

6. Répondez librement.

1. Est-ce que vous voulez continuer à étudier le français ?   _____

2. Est-ce que vous pouvez passer un jour sans manger ?   _____

3. Est-ce que vous voulez visiter des pays étrangers ?   _____

4. Est-ce que vous pouvez travailler après 11 heures du soir ?   _____

9. L'EXPRESSION DE LA QUANTITÉ

■ RÉGIME

 piste 17

Tiphaine : Je ne comprends pas. En ce moment je mange beaucoup de légumes et beaucoup de fruits. Je fais un régime très strict : pas de sucre, pas de graisses, pas de pain, pas d'alcool… et je continue à grossir ! Toi tu manges des gâteaux, de la crème, tu bois du vin, et tu restes mince…. Tu trouves ça normal toi ? La vie est très injuste !

Clara : C'est ma nature ! Je suis comme ça. J'ai de la chance, je ne grossis pas… mais j'ai une alimentation équilibrée… et je fais de la gym. Tu ne fais pas assez de sport…

Tiphaine : ça c'est un peu vrai. Tu sais, j'ai trop de travail et peu de temps libre. Mais j'ai beaucoup de bonnes résolutions pour le futur… Dis, la boîte de chocolats de ton anniversaire, elle est déjà finie ?

Clara : Non pas encore.

Tiphaine : Je peux avoir quelques chocolats ?

Clara : Tiphaine ! et tes bonnes résolutions ?

■ AÏE, AÏE, AÏE !

 piste 18

La femme : Là, ça fait mal ?

L'homme : Aïe ! bien sûr ça fait très mal !

La femme : Et là ?

L'homme : Arrête ! ça fait trop mal !

La femme : Je peux mettre un peu de crème ?

L'homme : Oui, mais alors très doucement…. et pas trop de crème !

La femme : Elle est très efficace cette crème mais un peu grasse. ça va comme ça ?

L'homme : Oui, merci.

1. Écoutez le premier dialogue et répondez aux questions avec des phrases complètes.

1. Est-ce que Tiphaine fait un régime ?
2. Quels aliments sont bons pour elle ?
3. Quels aliments sont mauvais pour elle ?
4. Est-ce que son amie fait aussi un régime ?

2. Transformez les phrases pour insister comme dans l'exemple.

✎ *Exemples : Il aime sa femme. → Il aime beaucoup sa femme.*
Il est sympathique. → il est très sympathique.

1. C'est difficile.
2. Elle est grande.
3. On travaille.
4. Vous écoutez la radio ?
5. Ils sont gentils.
6. Tu manges le matin ?

■ AVEC DES ADJECTIFS ET DES ADVERBES

Je suis **un peu** fatigué.	UN PEU
Il est **assez** drôle.	ASSEZ
Ils sont **très** sympathiques.	
Il parle **très** bien maintenant.	TRÈS
Elle est **trop** timide.	TROP

■ AVEC DES VERBES

Nous parlons **un peu** italien.	UN PEU
Vous travaillez **beaucoup** ?	BEAUCOUP
Tu regardes **trop** la télévision.	TROP

⚠ Ne dites pas : J'aime la musique beaucoup. → J'aime **beaucoup** la musique.

■ AVEC DES NOMS

• Une quantité non précise

Tu prends **de la** confiture.	DE LA → nom féminin
On boit **de** l'eau minérale.	DE L' → nom avec voyelle
Il faut manger **des** fruits et **des** légumes.	DES → nom pluriel
Il y a **quelques** questions sans réponses.	QUELQUES → nom pluriel

• Une quantité plus précise

Nous avons **peu de** temps libre.	PEU DE	
Je voudrais **un peu de** calme.	UN PEU DE	⚠ **DE → D'** + voyelle
Il a **beaucoup** d'amis.	BEAUCOUP DE	
Ils ont **assez** d'argent pour vivre.	ASSEZ DE	
Vous avez **trop de** travail.	TROP DE	
On prend **une bouteille d'**eau gazeuse ?	une bouteille	
Une carafe de vin, s'il vous plaît.	une carafe	
Voilà **un pot de** confiture.	un pot	DE
Oh ! **un bouquet de** fleurs ! Merci !	un bouquet	
Trois avocats et **un kilo de** pommes.	un kilo	

• Une quantité nulle

Tu prends un ou deux sucres ? **Pas de** sucre, merci.		
Vous voulez de la bière ? Non, **pas de** bière, un peu de vin.	PAS DE / PAS D'	
Elle a des enfants ? Non, elle n'a **pas d'**enfants.		
Ils ont **quelques** amis dans cette ville ? Non, **aucun** ami.	AUCUN → nom masculin	
Vous avez **une** solution à proposer ? Non, **aucune** (solution).	AUCUNE → nom féminin	

⚠ Ne dites pas : J'ai beaucoup ~~des amis.~~ → J'ai **beaucoup** d'amis.

1. Relevez toutes les expressions de quantité avec des noms. Classez-les en trois catégories : quantités non précises, quantités plus précises et quantités nulles.

2. Répondez avec plus de précision.
1. Elle a des qualités ? *(beaucoup)*   – Oui, elle _____
2. Il a des copains ? *(peu)*   – Non, il _____
3. Ils ont des idées originales ? *(quelques)*   – Oui, ils ont _____
4. Il y a du sel dans ce plat. *(trop)*   – Oui, _____
5. Tu as de la chance ? *(beaucoup)*   – Oui, _____
6. Vous avez de la monnaie ? *(un peu)*   – Oui, _____

3. Complétez selon l'exemple.
🖉 *Exemple : du lait → un litre de lait*
1. _____ confiture   → un pot _____   4. _____ médicaments   → une boîte _____
2. _____ abricots   → un kilo _____   5. _____ crème   → un tube _____
3. _____ café   → un paquet _____   6. _____ touristes   → un groupe _____

4. Mettez à la forme négative.
1. Ils ont quelques projets pour les vacances. _____
2. Elle mange du poisson. _____
3. La maison a un balcon. _____
4. Il y a des journaux à la papeterie. _____
5. Ils font quelques efforts. _____

5. Quels sont vos goûts ? Quelles sont vos activités préférées ?
Utilisez le verbe « aimer » + un peu, beaucoup, pas beaucoup, pas du tout.
L'art moderne – Le cirque – Le jazz – Aller au théâtre – Danser – Faire des courses dans les magasins – Faire la cuisine – Regarder le sport à la télévision

6. Répondez librement aux questions.
1. Maintenant vous pouvez comprendre un peu / assez bien / bien / très bien le français ?
_____
2. Est-ce vous passez peu de temps / beaucoup de temps / trop de temps à étudier ?
_____
3. Est-ce que vous connaissez quelques Français / beaucoup de Français / aucun Français ?
_____

10. ALLER ET DEVOIR – LES POSSESSIFS (2)

■ QUELLE BONNE SURPRISE !

 piste 19

* Examen de fin d'études secondaires.

Catherine : Charlotte ! Quelle bonne surprise ! Comment vas-tu ?

Charlotte : Je vais bien, et toi ?

Catherine : Très bien.

Charlotte : Et comment vont tes enfants ? Ils doivent être grands maintenant.

Catherine : Ils sont en pleine forme. Christophe a 18 ans, il va passer son bac*, et Clotilde a 16 ans… Et toi, toujours célibataire ?

Charlotte : Pas pour longtemps : je vais me marier dans un mois.

Catherine : Félicitations !

Charlotte : Après le mariage, nous allons partir en Australie. Je vais justement réserver mes billets d'avion.

Catherine : Tu vas dans quelle direction ?

Charlotte : Par là.

Catherine : Moi aussi. On peut continuer notre conversation … parle-moi de ton futur mari…

■ À L'AÉROPORT

 piste 20

L'employé : Madame vous devez prendre vos bagages avant de passer à la douane.

La passagère : Pardon, qu'est-ce que je dois faire ?

L'employé : Vous devez aller chercher vos bagages.

La passagère : Mais…

L'employé : Madame, tous les passagers doivent prendre leurs bagages avant de passer à la douane.

La passagère : Mais j'ai seulement un bagage à main !

L'employé : Ah bon ! excusez-moi.

1. Écoutez le premier dialogue et répondez aux questions.

1. Comment va Charlotte ?
2. Comment vont les enfants de Romane ?
3. Un de ses enfants va passer un examen. Quel examen ?
4. Que va faire Charlotte ?
5. Où est-ce qu'elle va aller avec son mari ?

2. Écoutez le deuxième dialogue et répondez aux questions.

1. Combien de personnes parlent ?
2. Où sont ces personnes ?
3. Que doivent faire les passagers en général ?
4. Est-ce que la femme doit faire la même chose ?
5. Pourquoi ?

ALLER

Je vais
Tu vas
Il / elle / on va
Nous allons
Vous allez
Ils / elles vont

DEVOIR

Je dois
Tu dois
Il / elle / on doit
Nous devons
Vous devez
Ils / elles doivent

■ *LE VERBE ALLER*

• **Le mouvement**
Je vais à l'université.

• **La santé** physique et morale
Comment allez-vous ? Je vais bien, merci.
Ça va ? Oui, ça va.

• **Le futur proche**
Qu'est-ce que tu vas faire ? – Je vais acheter mon billet.

■ *LE VERBE DEVOIR*

• **Une nécessité, une obligation, une interdiction**
Je dois aller chez le dentiste.
Pour voter on doit avoir dix-huit ans ou plus.
Vous ne devez pas stationner ici.

• **La probabilité**
Il doit être trois heures. = Il est probablement trois heures.

Le 2e verbe est à l'infinitif.
Elle va déjeun**er**.
On doit vérifi**er**.

■ *LES ADJECTIFS POSSESSIFS*

	masculin	féminin	pluriel
J'ai	mon sac	ma valise	mes bagages
Tu as	ton sac	ta valise	tes bagages
Il a	son sac	sa valise	ses bagages
Elle a	son sac	sa valise	ses bagages
Nous avons	notre sac	notre valise	nos bagages
Vous avez	votre sac	votre valise	vos bagages
Ils ont	leur sac	leur valise	leurs bagages
Elles ont	leur sac	leur valise	leurs bagages

• **L'adjectif possessif s'accorde avec le nom qui suit.**
Elle a son sac. (le sac → masculin)
Un possesseur → **son, sa, ses**
Deux possesseurs ou plus → **leur, leurs**

⚠ Si le mot féminin commence par une voyelle, on utilise le masculin :
ma amie → **mon** amie   ta adresse → **ton** adresse

1. Relevez les verbes « aller » et « devoir » dans les dialogues.

2. Relevez les adjectifs possessifs. Identifiez le genre des noms.

3. Complétez avec le verbe « aller ».

1. Tu _vas_ à l'université ?   Oui, je _vais_ à l'université.
2. Ta mère _va_ bien ?   Non, elle _va_ bien en ce moment.
3. Vous _allez_ voter cette année ?   Oui, nous _allons_ voter.
4. Claude _va_ voyager ?   Oui, il _va_ aller au Pérou.
5. Ils _vont_ au théâtre ?   Non, finalement ils _vont_ au théâtre.

4. Transformez en utilisant le verbe « devoir ».

1. Il faut réserver. → Vous _devez réserver._
2. Il faut écouter. → Nous _devons écouter._
3. Il ne faut pas accepter. → Ils _ne devont pas accepter_
4. Il faut payer. → Je _dois payer._
5. Il faut discuter. → On _doit discuter._
6. Il ne faut pas fumer. → Tu _ne dois pas fumer._

5. Reliez. Qui est le possesseur ? (plusieurs possibilités)

1. Ses enfants   a. Ils
2. Leur ami   b. Elle
3. Son appartement   c. Nous
4. Leurs idées   d. Il
5. Nos affaires   e. Elles

6. Choisissez la bonne réponse.

1. Sarah parle toujours de son / (sa) petit ami.
2. Mes parents détestent (leurs)/ leur voisin.
3. Le professeur parle à (son) / ses élèves.
4. Elle cherche (sa) / son billet.
5. Les étrangers doivent présenter leurs / (ses) papiers.
6. Il habite avec (son)/ sa sœur.

7. Complétez le dialogue avec les verbes « aller » et « devoir » et les possessifs (mon, ma, mes, son, sa, ses, leur(s), etc.).

– Je _vais_ aller à la préfecture de police pour présenter _mon_ papiers.
– Antonio et Julia _vont_ aussi à la préfecture aujourd'hui pour _leurs_ papiers.
Je crois qu'Antonio a un problème avec _son_ carte de séjour.
– Ils _devont_ faire attention ! C'est important, les papiers.

11. FINIR ET CHOISIR – LES PRÉPOSITIONS DE LIEU

■ *RÉSERVATION*

 piste **21**

Roméo : C'est facile ! Tu vas sur ce site de voyage. Il y a un grand choix de continents et de pays. Par exemple, tu veux aller en Asie… Alors tu tapes « Asie » et tu vois une liste de tous les pays…

Tristan : Moi, je veux aller en Bolivie.

Roméo : D'accord, la Bolivie c'est en Amérique du Sud. Tu tapes « Amérique du sud », tu vois la Bolivie sur la liste. Tu cliques et après tu choisis le type de voyage : culturel, sportif, accompagné, etc.

Tristan : Sportif.

Roméo : D'accord. Après, tu tapes ton budget.

Tristan : Maximum 2000 euros.

Roméo : Et voilà ! Il y a 3 voyages. Tu choisis.

Tristan : C'est super ! Et le paiement ?

Roméo : C'est sécurisé, il n'y a pas de problème.

■ *VOYAGES D'AFFAIRES*

 piste **22**

1ᵉʳ collègue : Tu as beaucoup de boulot en ce moment ?

2ᵉ collègue : Ah oui, beaucoup ! Je ne finis généralement pas avant 20h… Et j'ai aussi beaucoup de déplacements : une fois par semaine je dois aller à Londres pour une réunion, six fois par an je voyage en Europe et aux États-Unis.

1ᵉʳ collègue : Mais tu aimes voyager…

2ᵉ collègue : J'adore, mais pour les vacances, pas pour le travail.

1. Écoutez le premier dialogue et cochez la bonne case.

	vrai	faux
1. Tristan est dans une agence de voyages.	❑	❑
2. Tristan veut aller en Argentine.	❑	❑
3. La Bolivie est en Amérique du sud.	❑	❑
4. Il cherche un voyage sportif.	❑	❑
5. Son budget est maximum 300 euros.	❑	❑
6. Il paie par chèque.	❑	❑

2. Écoutez le deuxième dialogue et cochez la bonne case.

	vrai	faux
1. Deux collègues parlent de travail.	❑	❑
2. Un des deux travaille beaucoup.	❑	❑
3. Il n'aime pas son travail.	❑	❑
4. Il va souvent à Londres.	❑	❑
5. Il voyage seulement en Europe.	❑	❑

FINIR

Je finis
Tu finis
Il finit
Nous finissons
Vous finissez
Ils finissent

CHOISIR

Je choisis
Tu choisis
Il choisit
Nous choisissons
Vous choisissez
Ils choisissent

Écoutez bien la différence entre le singulier et le pluriel :
Il finit / ils finissent   Il choisit / ils choisissent

■ *LES PRÉPOSITIONS DE LIEU*

• **Les villes :**

« **à** » pour le lieu où on est ou le lieu où on va.

Elle va **à** *Hong Kong.*

On est **à** *Vancouver.*

• **Les pays ou les continents**

« **en** » pour les pays ou les continents féminins commençant par une voyelle ou finissant par un « e ».

La *France* → **en** *France*

L'*Iran* → **en** *Iran*

⚠ Exceptions : Le Mexique, Le Mozambique, le Cambodge…

« **au** » pour les pays masculins ne commençant pas par une voyelle et ne finissant pas par un « e ».

Le *Japon* → **au** *Japon*

Le *Maroc* → **au** *Maroc*

Le *Nigéria* → **au** *Nigéria*

« **aux** » pour les pays pluriels.

Les Philippine**s** → **aux** Philippine**s**

Les Pay**s** Ba**s** → **aux** Pay**s** Ba**s**

⚠ Exceptions : Il existe des pays sans article ni masculins, ni féminins, on utilise alors « à » comme pour une ville :

Chypre → **à** *Chypre*   *Haïti* → **à** *Haïti*   *Cuba* → **à** *Cuba*

Attention ! *Israël* → **en** *Israël*

Les liaisons avec le « n » et le « x » sont importantes :
Il travaille en␣Asie. Ils vont en␣Inde. Je vais aux␣États-Unis.
        [n]   [n]   [z]

1. Relevez les noms de pays ou de continents dans les dialogues avec la préposition ou l'article. Classez-les par genre : masculin, féminin, pluriel.

2. Mettez au pluriel.
   1. Qu'est-ce que tu choisis ?   Qu'est-ce que vous _____?
   2. Je choisis la mousse au chocolat.   Nous _____
   3. Est-ce que tu finis à 19h ?   _____
   4. Non, je finis à 20h.   _____
   5. Il grandit vite !   _____
   6. Elle est timide : elle rougit souvent. _____

3. Complétez les noms de pays avec l'article « le », « la », « l' » ou « les ».
   1. _____ Pakistan   5. _____ Côte d'ivoire   9. _____ Russie
   2. _____ Turquie   6. _____ Nicaragua   10. _____ Argentine
   3. _____ Autriche   7. _____ Ouzbékistan   11. _____ Cameroun
   4. _____ Vietnam   8. _____ Chine   12. _____ Suisse

4. Reprenez la liste des pays cités dans l'exercice précédent et continuez ce texte.
   Sylvain Dubon veut voyager dans le monde entier, au Pakistan, mais aussi _____
   _____
   _____
   _____

5. Répondez librement aux questions.
   1. Dans quel pays et dans quelle ville est-ce que vous habitez ?
   _____
   2. Quels pays est-ce que vous connaissez ?
   _____
   3. Dans quels pays est-ce que vous voulez voyager ?
   _____
   4. Nommez les cinq continents.
   _____
   5. Sur quel continent est-ce que vous êtes maintenant ?
   _____

▪ BILAN 3

1. Reliez et complétez avec les prépositions « au » ou « en ».

1. Paris est	a. _____ Japon	A. _____ Afrique
2. Le Machu Pichu est	b. _____ Liban	B. _____ Europe
3. Les Pyramides sont	c. _____ France	C. _____ Amérique du Sud
4. Beyrouth est	d. _____ Égypte	D. _____ Moyen Orient
5. Le Mont Fuji est	e. _____ Pérou	E. _____ Asie

2. Complétez avec un démonstratif selon l'exemple.

✐ *Exemple : Tu préfères quelle photo ? → Je préfère cette photo.*

1. Vous voulez visiter quel appartement ? _____ appartement !

2. Tu veux quels documents ? _____ documents.

3. Tu choisis quel restaurant ? _____ restaurant.

4. Vous prenez quels médicaments ? _____ médicaments.

5. Elle habite dans quelle rue ? _____ rue.

3. Complétez avec le verbe « aller » au présent.

1. Si je suis malade, je _____ chez le médecin.

2. Si tu veux poster une lettre, tu _____ à la poste.

3. Si on a assez d'argent, on _____ prendre un taxi.

4. Si vous avez un problème de sécurité, vous _____ voir la police.

5. Si les Français ne sont pas contents, ils _____ dans la rue !

4. Transformez avec le verbe « devoir » selon l'exemple.

✐ *Exemple : Il ne faut pas fumer ici. → On ne doit pas fumer ici.*

1. Il est tard. Il faut dormir maintenant.   Tu _____

2. Il ne faut pas réserver.   Vous _____

3. Il faut faire un nouveau passeport.   Je _____

4. Il ne faut pas faire de bruit.   Nous _____

5. Il faut noter l'adresse.   Ils _____

5. Choisissez la bonne réponse.

1. Vous allez voir votre / vos parents en Italie ?

2. Tu habites avec ton / ta amie ?

3. Elle travaille dans son / sa bureau.

4. Ils ne veulent pas payer leur / leurs billet.

5. Tout le monde peut donner son / leur opinion.

6. Les enfants jouent avec ses / leurs parents.

7. Nous finissons nos / notre travail.

8. Il choisit son / sa place.

6. Complétez selon l'exemple, en utilisant le verbe « pouvoir ».

✐ *Exemple : Tu veux rester ici ? → Tu peux rester ici.*

1. Je voudrais avoir des informations.   Tu _____ à ce bureau.

2. On veut acheter des billets.   Vous _____ ici.

3. Elle veut payer par carte.   Elle _____ .

4. Ils veulent trouver un bon restaurant.   Ils _____ dans cette rue.

7. Complétez avec « pouvoir », « devoir » et « vouloir » à la forme affirmative ou négative (plusieurs possibilités).

1. Excusez-moi, est-ce que vous _____ me dire où est la poste ?

2. Il est 10 heures. Je _____ aller chez le dentiste.

3. C'est impossible, on _____ fermer le magasin le dimanche.

4. Ce n'est pas gentil : ils _____ nous donner l'adresse.

5. Est-ce que tu _____ m'aider s'il te plaît ?

6. Tu _____ travailler régulièrement, c'est important.

7. Est-ce que vous _____ manger quelque chose ?

8. Répondez à la forme négative.

1. Il y a de la bière ?   – Non, _____

2. Il y a du café ?   – Non, _____

3. Il y a de l'alcool ?   – Non, _____

4. Il y a des fruits ?   – Non, _____

9. Complétez cette conversation avec des expressions de quantité.

– Il faut faire les courses. Qu'est-ce que j'achète ?

– Achète _____ beurre, _____ yaourts, _____ fromage et _____ jambon.

– Et _____ eau ?

– Oui, deux bouteilles _____ eau minérale et une bouteille _____ vin mais pas _____ jus d'oranges. Il reste un litre _____ jus d'oranges.

– Il y a encore _____ fruits ?

– Non, achète un kilo _____ pommes, un peu _____ raisin et _____ bananes.

– C'est tout ?

– Non, n'oublie pas d'acheter _____ pain.

– _____ baguette ?

– Non, deux. Nous avons _____ invités ce soir.

12. SAVOIR ET CONNAÎTRE – SI..., QUE..., OÙ...

■ UNE BELLE MUSICIENNE

 piste **23**

Benoît : Je suis amoureux.

Jules : Ah bon !

Benoît : Je connais juste son nom.

Jules : Tu ne sais pas si elle est libre ?

Benoît : Non, je sais seulement qu'elle est belle.

Jules : Qu'est-ce qu'elle fait ?

Benoît : Je ne sais pas. Je sais qu'elle est musicienne mais je ne sais pas si c'est sa profession. Elle joue du violon tous les jours.

Jules : Mais tu connais son adresse ?

Benoît : Évidemment ! C'est ma voisine.

■ RUE DES ROSES

 piste **24**

La jeune femme : Excusez-moi madame, vous connaissez la rue des Roses ?

Une passante : Je connais le nom, mais je ne sais pas exactement où. Demandez aux vendeurs du marché. Ils connaissent bien le quartier.

La jeune femme : Merci.

(Elle va voir un des vendeurs du marché.)

La jeune femme : Bonjour, monsieur. Vous connaissez la rue des Roses ?

Le vendeur : Ma p'tite* dame, je connais le quartier comme ma poche. Vous savez où est l'église Saint-Antoine ?

La jeune femme : Oui.

Le vendeur : Eh bien, c'est juste derrière. Une petite rue. C'est là où habite mon ex-femme !

La jeune femme : Merci beaucoup, monsieur.

* p'tite (familier) : petite.

1. Écoutez les dialogues et dites si c'est vrai ou faux.

1. Benoît connaît sa voisine.

2. La jeune femme joue de la guitare.

3. Il est amoureux d'elle.

4. Une jeune femme ne sait pas où est la rue des Roses.

5. Une passante connaît le nom de la rue.

6. Le vendeur ne sait pas où est la rue des roses.

2. Utilisez le verbe savoir comme dans l'exemple.

✎ *Exemple : Je suis en retard / je → je sais que je suis en retard.*

1. Il a de la chance / il   2. Ce n'est pas facile / nous   3. Ils ne peuvent pas entrer / ils

4. Vous avez rendez-vous chez le dentiste / vous   5. Tu peux venir / tu

SAVOIR

	Forme négative
Je sais	*Je ne sais pas*
Tu sais	*Tu ne sais pas*
Il/ elle/ on sait	*Il / elle / on ne sait pas*
Nous savons	*Nous ne savons pas*
Vous savez	*Vous ne savez pas*
Ils / elles savent	*Ils / elles ne savent pas*

> Attention à la différence entre « nous savons » et « nous_avons » [z] (avoir) « vous savez » et « vous_avez » [z] (avoir).

• − + que / qu' (+ **voyelle**)

C'est mon anniversaire demain. − Oui, je sais que c'est son anniversaire demain et qu'il a 20 ans.

• − + si / s' (+ **i**)

Est-ce que le magasin est ouvert ?

Je ne sais pas si le magasin est ouvert.

Est-ce qu'il travaille ?

Est-ce que tu sais s'il travaille ?

• − + Où

Où est la gare de Lyon ?

Désolé, je ne sais pas où est la gare de Lyon.

Moi, je sais où c'est.

• − + verbe à l'infinitif

Elle n'a pas son permis. Elle ne sait pas conduire.

• − Réponse courte

Qu'est-ce qu'ils veulent ? Je ne sais pas.

CONNAÎTRE

	Forme négative
Je connais	*Je ne connais pas*
Tu connais	*Tu ne connais pas*
Il / elle / on connaît	*Il / elle / on ne connaît pas*
Nous connaissons	*Nous ne connaissons pas*
Vous connaissez	*Vous ne connaissez pas*
Ils / elles connaissent	*Ils / elles ne connaissent pas*

• **Un lieu**

Je connais New York, mais je ne connais pas la Nouvelle-Orléans.

• **Une personne**

Tu connais ma sœur ? Elle ne connaît pas Charles.

• **Un nom commun**

Vous connaissez son adresse ? – Oui, mais nous ne connaissons pas son numéro de téléphone.

1. Relevez les formes des verbes « savoir » et « connaître » dans les deux dialogues.

2. Complétez au présent.

1. Vous _____ (connaître)   5. Nous _____ (connaître)

2. Ils ne _____ pas (savoir)   6. On _____ (savoir)

3. Tu ne _____ pas (connaître)   7. Tu _____ (savoir)

4. Vous _____ (savoir)   8. Elles _____ (connaître)

3. Choisissez la bonne réponse.

1. Ils connaissent / savent la bonne réponse. _____

2. Vous connaissez / savez utiliser cette machine ? _____

3. Je sais / connais qu'il est en vacances. _____

4. Il ne sait / connaît pas si c'est aujourd'hui ou demain. _____

5. Nous ne savons / connaissons pas le code. _____

6. Je sais / connais qu'il est 5 heures. _____

4. Complétez les réponses en utilisant « si » ou « s' », « où ».

1. Où est la mairie ? Je ne sais pas _____

2. Est-ce qu'il est là ? Je ne sais pas _____

3. Est-ce qu'elle parle espagnol ? Je ne sais pas _____

4. Où est-ce qu'on va ? Je ne sais pas _____

5. Est-ce que c'est possible ? Je ne sais pas _____

5. Trouvez les questions correspondant aux réponses.

1. _____ – Oui, ils connaissent un bon hôtel.

2. _____ – Non, nous ne savons pas si elle est malade.

3. _____ – Non, je ne connais pas la Croatie.

4. _____ – Oui, elle sait très bien cuisiner.

5. _____ – Non, il ne sait pas que la fête est dimanche.

6. _____ – Si, nous connaissons le musée du Louvre.

6. Répondez librement.

1. Vous connaissez la ville de Marseille ?

_____

2. Vous savez où est le Mont Blanc ?

_____

3. Vous connaissez Gérard Depardieu ?

_____

4. Vous savez où est la Tour Eiffel ?

_____

5. Vous connaissez la date de la Révolution française ?

_____

13. PRENDRE, COMPRENDRE ET APPRENDRE – LA NÉGATION (2)

■ INSTRUCTIONS AU TÉLÉPHONE

 piste 25

Le garçon : Je t'explique. Tu prends l'autoroute jusqu'à la sortie Dijon. Tu ne prends pas la première mais la deuxième sortie.

La fille : D'accord je prends la première sortie.

Le garçon : Mais non ! la deuxième sortie pas la première !

La fille : Pardon, oui, oui, je prends la deuxième sortie.

Le garçon : Tu continues jusqu'à la nationale 13?

La fille : D'accord, jusqu'à la nationale 3.

Le garçon : 13, la nationale 13 ! Mais tu ne comprends rien ! Ce n'est pas possible !

La fille : Écoute ! ça va ! Finalement je n'ai pas besoin de tes explications. J'ai un GPS*.

* Système électronique pour guider les conducteurs.

■ RÉSULTATS SCOLAIRES

 piste 26

Le père : 5 sur 20 en physique ! Eh bien bravo ! Ce n'est pas comme ça que tu vas avoir ton bac !

La fille : Je ne comprends rien à la physique !

Le père : Évidemment tu n'écoutes pas le professeur. Les autres écoutent, alors ils comprennent… Et en plus tu n'apprends jamais tes leçons.

La fille : Les autres, ils prennent des cours particuliers*. Moi je n'ai personne pour m'expliquer.

Le père : Tu comprends bien que je peux pas te payer des cours particuliers. Maintenant que je ne travaille plus. Personne ne peut t'aider ? Tu es sûre ?

La fille : Peut-être Laurence, elle a des super notes en physique.

Le père : Eh bien, apprends avec Laurence !

* Un cours avec un professeur pour un étudiant.

1. Écoutez le premier dialogue et répondez aux questions.

1. Pour aller à Dijon, on prend la première ou la deuxième sortie ?

2. On continue et après on prend la nationale 3 ou la nationale 13 ?

3. La femme au téléphone comprend bien ?

2. Écoutez le deuxième dialogue et répondez aux questions.

1. Quel est le problème de cette fille ?   2. Que dit son père ?

3. Est-ce que ses amis sont comme elle ?   4. Est-ce que le père a une solution ?

PRENDRE

Je prends	**Forme négative**
Je prends	Je ne prends pas
Tu prends	Tu ne prends pas
Il / elle / on prend	Il / elle / on ne prend pas
Nous prenons	Nous ne prenons pas
Vous prenez	Vous ne prenez pas
Ils / elles prennent	Ils / elles ne prennent pas

APPRENDRE

J'apprends
Tu apprends
Il / elle / on apprend
Nous apprenons
Vous apprenez
Ils / elles apprennent

COMPRENDRE

Je comprends
Tu comprends
Il / elle / on comprend
Nous comprenons
Vous comprenez
Ils / elles comprennent

> On ne prononce pas le « d » ni le « s » → prends, prend : même prononciation
> Différence entre le singulier et le pluriel : il prend / ils pre**nn**ent

■ LA NÉGATION (2)

• NE / N' (voyelle) + **verbe** + PLUS

À 10 heures Patrick est au bureau. À 20 heures Patrick n'est plus au bureau. Il est à la maison.
Avant la date limite, c'est possible. Après ce n'est plus possible.

• NE / N' + **verbe** + RIEN
RIEN NE / N' + **verbe**

Tu achètes quelque chose ? Je n'achète rien.
Tout est vrai ? Rien n'est vrai.

• NE / N' + **verbe** + PERSONNE
PERSONNE NE / N' + **verbe**

Il n'invite personne.
Personne n'est là ?

• NE / **N'** + **verbe** + JAMAIS

Elle ne va jamais dans ce quartier.
Il n'est jamais là.

Plus, rien, jamais remplacent « pas » :
Il ne travaille pas. → *Il ne travaille plus.*
Je ne veux pas. → *Je ne veux rien.*
Ils ne regardent pas la télé. → *Ils ne regardent jamais la télé.*
Ne dites pas : *Il n'y a pas personne.* → *Il n'y a personne.*

1. Soulignez les verbes « prendre », « apprendre », « comprendre ».

2. Complétez au présent.

Prendre	**Comprendre**	**Apprendre**
1. Nous pren_____	4. Vous compren_____	7. J'appren_____
2. Je pren_____	5. Tu compren_____	8. Nous appren_____
3. Ils pren_____	6. On compren_____	9. Elles appren_____

3. Complétez avec le verbe approprié au présent : « prendre », « apprendre » ou » « comprendre ».

1. Elle ne _____ pas l'exercice.   5. Vous _____ le japonais ?

2. Vous _____ des notes ?   6. Elle _____ des risques !

3. Je _____ rendez-vous chez le docteur.   7. Tu _____ un dessert ?

4. Nous _____ le train ensemble   8. Ils _____ à bien prononcer.

4. Complétez avec « ne » ou « n' » ... « pas », « plus », « rien », « jamais », « personne ».

1. Elle _____ parle _____, elle _____ dit _____ à ses amis.

2. Je _____ vais _____ dans ce quartier. Il _____ y a _____ à visiter.

3. Nous _____ voulons _____ acheter. Nous regardons simplement.

4. On _____ peut _____ organiser un dîner : _____ n'est libre !

5. Je comprends le début, mais après je _____ comprends _____ .

6. Tu _____ as _____ à dire ? Tu _____ as _____ de questions ?

5. Répondez avec « ne » ou « n' » ... « plus », « rien », « jamais », « personne ».

1. Tu sais quelque chose ?   – Non, _____

2. Il y a quelqu'un dans la salle ?   – Non, _____

3. Henri est encore là ?   – Non, il est parti, il _____

4. Vous allez quelquefois au théâtre ?   – Non, nous _____

5. Ils font quelque chose ce week-end ?   – Non, ils _____

6. Quelqu'un veut aller au match avec moi ?   – Non, _____

6. Complétez le dialogue avec « ne ... plus », « ne ... rien », « ne ... personne ».

– Tu veux boire ou manger quelque chose ?

– Non, je _____ veux _____ , merci.

– Tu vas toujours à ton club de bridge ?

– Je _____ vais _____ au club. Je _____ fais _____ .

Je _____ vois _____ . Je reste chez moi.

– Oh là là ! il ne faut pas rester comme ça ! Tu es dépressive !

14. « IL » IMPERSONNEL – PRÉPOSITIONS DE TEMPS – QUEL(LE)(S) ?

■ LES QUATRE SAISONS

 piste 27

La jeune fille : Il fait vraiment trop chaud. Il fait 35° !

Le jeune homme : C'est normal, on est en août, le 10 août. On est en été, ma chère. Tu préfères l'hiver quand il neige, quand il fait froid ? Brr… Quelle est ta saison préférée ?

La jeune fille : Le printemps. Mais maintenant, je voudrais être en automne…

Le jeune homme : « Il pleut, il pleut bergère… » Tu connais ce chant révolutionnaire ?

La jeune fille : Bien sûr. C'est une chanson pour les enfants.

Le jeune homme : Et tu connais aussi le calendrier révolutionnaire ?

La jeune fille : Non, qu'est-ce que c'est ?

Le jeune homme : En 1793, les révolutionnaires changent tous les noms des mois. Par exemple ils appellent le mois de février « Ventôse » parce qu'il fait du vent. Amusant, non ?

La jeune fille : Jean-Charles, je suis toujours charmée par ton immense culture !

Le jeune homme : Merci, merci !

■ TEST PSYCHOLOGIQUE

 piste 28

Antoinette : Quelle est ta fleur préférée ?

Laure : La pivoine

Antoinette : Quel est ton parfum préféré ?

Laure : « Dior j'adore ».

Antoinette : Quel est ton jour préféré ?

Laure : Samedi parce qu'il y a dimanche après !

Antoinette : Quelles sont tes préférences politiques ?

Laure : Plutôt écologistes de gauche.

Antoinette : Quels sont les défauts que tu détestes le plus ?

Laure : L'hypocrisie et l'égoïsme… mais pourquoi toutes ces questions ?

Antoinette : C'est un test psychologique : « Quelle femme êtes-vous ? »

1. Répétez le mois, la saison ou l'année avec la préposition et vérifiez les réponses.

✐ *Exemple : Février → en février*

1. Juillet / _____ juillet   2. Automne / _____ automne   3. 2000 / _____ 2000

4. Hiver / _____ hiver   5. Printemps / _____ printemps   6. Août / _____ août   7. Été / _____ été

2. Écoutez et notez si les questions portent sur un nom masculin ou féminin.

1. Quel est ton plat préféré ?   2. Quelle est ta saison préférée ?   3. Quel est ton chanteur préféré ?

4. Quelle est ta couleur préférée ?   5. Quel est ton livre préféré ?   6. Quel est ton film préféré ?

■ EMPLOI DE « IL » IMPERSONNEL

• Le temps qu'il fait
Il fait beau. / Il fait mauvais (temps).
Il pleut. Il neige. Il vente. Il y a du vent.

• La température
Il fait chaud. / Il fait froid.
Il fait 30°. / Il fait moins 3°.

• L'heure
Il est 17h 30.

• Certaines expressions impersonnelles
Il faut mémoriser. (cf. p. 23) *Il est nécessaire de mémoriser.*
Il y a du soleil. (cf. p. 10)

■ LES PRÉPOSITIONS DE TEMPS

• Mois, année

en mars	en mai	en 1789	en 2010

• Les saisons

en été	en automne	au printemps	en hiver

■ QUEL(S) / QUELLE(S) … ?

• s'accorde avec le nom qui suit.

Quel (masculin singulier)	Quels (masculin pluriel)
Quelle (féminin singulier)	Quelles (féminin pluriel)

• + verbe être
Quel est ton numéro de téléphone ?
Quelle est ta ville préférée ?
Quels sont ses projets ?
Quelles sont les possibilités ?

• + nom
Quelle couleur est-ce que tu préfères ?
Quel pays est-ce que tu veux visiter ?
Quels problèmes est-ce que vous avez ?
Quelles chaussures est-ce que tu achètes ?

⚠ *Tu préfères quelle couleur ?* (plus familier)
   Tu visites quel pays ? (↗ indiquer l'intonation)

Ne dites pas : Qu'est-ce que c'est ton adresse ?
mais : Quelle est ton adresse ?

1. Relevez toutes les expressions unipersonnelles dans le premier dialogue.

2. Donnez le genre des mots associés à « Quel(s) » ou « Quelle(s) » dans le deuxième dialogue.

✎ *Exemple : Quelle est ta saison ? → féminin singulier.*

3. Transformez avec des expressions unipersonnelles (« Il … »).

1. Il y a du soleil. _____

2. La pluie tombe. _____

3. La température est 0°. _____

4. Ah ! J'ai chaud ! _____

5. Il ne fait pas beau _____

6. La neige tombe _____

4. Indiquez la saison.

1. Nous sommes le 5 décembre. _____

2. C'est le 1er août. _____

3. Elle arrive le 3 mai. _____

4. Il commence le 14 septembre. _____

5. Complétez avec « quel », « quels », « quelle », « quelles ».

1. _____ est l'âge de ses enfants ?

2. _____ est sa profession ?

3. _____ sont ses activités ?

4. _____ sont vos livres préférés ?

5. Tu achètes _____ journal ?

6. Vous préférez _____ photo ?

7. Elle a _____ voiture ?

8. Tu écoutes _____ station de radio ?

6. Transformez la question selon l'exemple.

✎ *Exemple : Ton opinion sur la question ? →* <u>*Quelle est ton opinion*</u> *sur la question ?*

1. Les conditions du contrat ? _____

2. Le prix ? _____

3. Les problèmes ? _____

4. La solution ? _____

5. Les possibilités ? _____

7. Trouvez des questions commençant avec « quel(le)(s) » et correspondant aux réponses.

✎ *Exemple : Quelle est la date de la fête nationale en France ? → – Le 14 Juillet.*

1. Je suis architecte _____

2. 06 67 56 42 10 _____

3. 11 avenue Colette _____

4. le rouge _____

5. le handball _____

15. VENIR ET PARTIR – PRÉPOSITIONS DE LIEU

■ *FIN DE SOIRÉE*

Flore : Vous partez déjà ?

Thomas : Oui, demain je prends l'avion, je pars à Johannesburg pour mon travail. Je dois être à 7 heures à l'aéroport.

Flore : Et toi, tu pars aussi, Solène ?

Solène : Non, je ne peux pas. Je n'ai pas de vacances.

Flore : Et tu reviens quand ?

Thomas : Dans dix jours.

Flore : Ah bon ! ce n'est pas très long.

Thomas : Non. En tout cas merci beaucoup pour cette soirée.

Solène : La prochaine fois vous venez chez nous, promis ?
Tu remercies aussi Cédric de notre part.

Flore : D'accord… Rentrez bien et bon voyage !

■ *UNE UNIVERSITÉ INTERNATIONALE*

Stéphane : Tu déjeunes tous les jours au resto U* ?

Maria : Pas tous les jours, mais souvent.

Stéphane : Tu viens d'où ?

Maria : Je viens du Portugal, de Lisbonne.

Stéphane : Moi je viens de Biarritz. C'est formidable ici, les étudiants viennent des quatre coins de l'Europe ! Tu restes toute l'année universitaire ?

Maria : Non, seulement six mois. En mars je repars au Portugal.

Stéphane : Et tes colocataires*, ils repartent aussi ?

Maria : Je crois que l'Anglais repart et l'Espagnol reste. Pourquoi ?

Stéphane : Je cherche un logement pour deux copains.

Maria : Il faut voir. C'est possible.

* Restaurant universitaire : cantine pour les étudiants.

* Un(e) colocataire est une personne qui partage la location de votre appartement avec vous.

1. Écoutez le premier dialogue et répondez aux questions avec des phrases complètes.

1. Thomas part en avion ou en train ?

2. Il part à Johannesburg ou à Luxembourg ?

3. Il revient le mois prochain ou la semaine prochaine ?

4. Flore part avec lui ?

2. Écoutez le deuxième dialogue et répondez aux questions avec des phrases complètes.

1. Maria n'est pas française, elle vient de quel pays ?

2. Elle reste un an ou six mois en France ?

3. Elle repart au Portugal en mars ou en mai ?

4. Elle habite seule ?

VENIR

Je viens
Tu viens
Il / elle / on vient
Nous venons
Vous venez
Ils / elles viennent

PARTIR

Je pars
Tu pars
Il / elle / on part
Nous partons
Vous partez
Ils / elles partent

Il y a une grande différence de prononciation entre *il vient* et *ils viennent*, entre *il part* et *ils partent*

Même conjugaison pour « revenir » et « repartir »

■ *PRÉPOSITIONS DE LIEU*

• Le lieu où on est / la destination : à

*Aujourd'hui je suis **à** Paris et demain je pars **à** Londres.*
*Nous partons cinq jours **à la** montagne.*
*Ils viennent **à la** maison pour les vacances.*
*Elle part **à l'**étranger.*
*Tu viens **au** cinéma avec moi ce soir ?*
*Vous partez **aux** sports d'hiver cette année ?*

⚠ À + LE → AU
À + LES → AUX

Pour les pays, les continents et les régions féminins (terminés par « e »), on utilise la préposition « en ».
*Il habite / il va **en** France, **en** Europe.*

• L'origine, la provenance : de

*Ce train vient **de** Genève.*
*Elle vient **de la** campagne.*
*Nous venons **de l'**aéroport.*
*Ils viennent **du** sud de l'Italie.*
*Vous venez **des** Alpes de Haute-Provence ?*

⚠ DE + LE → DU
DE + LES → DES

• Lieu (mouvement ou non mouvement) + une personne : chez

*Tu peux rester **chez moi** si tu veux.*
*C'est gentil mais je vais habiter **chez Laurence**.*
*Demain j'ai rendez-vous **chez le médecin**.*

Attention !
Je prends l'avion à Moscou. = Je pars de Moscou.
Je prends l'avion pour Moscou. = Je vais à Moscou.

1. Relevez les verbes « venir » et « partir » avec leur sujet.

2. Complétez les verbes « partir », « repartir », « venir » et « revenir » au présent.

1. Nous par_____   5. Vous reven_____

2. Tu vien_____ ?   6. Ils vien_____

3. Vous ven_____   7. On par_____

4. Je par_____   8. Elles par_____

3. Choisissez la bonne réponse (plusieurs possibilités).

1. Je pars / viens te voir lundi.

2. Sophie et Anne partent / viennent d'Allemagne.

3. Tu es bronzé ! Tu repars / reviens de vacances ?

4. Vous partez / venez à Grenoble ?

5. Elle vient / part en voyage.

6. Nous partons / venons souvent ici.

7. Il part / revient du bureau tard le soir.

4. Complétez avec le verbe de la question.

1. Tu ne viens pas avec nous ? Si, je _____ dans une minute.

2. Vous partez bientôt ? Oui, nous _____ dans une semaine.

3. Elle vient seule ? Non, elle _____ seule, elle _____ avec son fils.

4. Vous revenez d'où ? Je _____ du supermarché.

5. Ils viennent souvent chez vous ? Non, ils _____ .

6. Tu pars avec un groupe ? Non, je _____ seul.

5. Complétez avec une préposition.

1. Ce train vient _____ Tours et il va _____ Paris.

2. Je viens _____ nord de la France. _____ Lille.

3. Elle revient _____ université et elle rentre _____ elle.

4. On part _____ la maison à 14h et on va arriver _____ toi vers 20 heures.

5. Je vais _____ la bibliothèque et je reviens _____ la maison vers 17 heures.

6. Tu vas _____ cinéma ou tu reviens _____ cinéma ?

6. Répondez librement.

1. De quel pays et de quelle ville venez-vous ? _____

2. Est-ce que vous partez souvent en voyage ? pour le plaisir ? pour le travail ? _____

3. Est-ce que vos amis viennent souvent dîner chez vous ? _____

4. Est-ce que vous partez quelquefois pour les vacances ? à la montagne ? à la campagne ? chez des amis ? en week-end ? _____

1. Reliez.

1. Je ne sais pas   a. le nom du criminel.

2. Il connaît   b. où elle travaille.

3. Ils connaissent   c. si nous pouvons entrer.

4. On ne connaît pas   d. son quartier.

5. Elles savent   e. que ce n'est pas facile.

2. Choisissez la bonne réponse.

1. Nous ne connaissons pas / ne savons pas s'il est chez lui.

2. Les touristes ne connaissent pas / ne savent pas tous les quartiers de Paris.

3. Est-ce que tu connais / tu sais cette université ?

4. Elle connaît / elle sait qu'elle a beaucoup de chance.

5. Vous connaissez / vous savez qu'elle est en France.

3. Posez la question selon le modèle

🖉 *Exemple : Je vais au café → Quel café ?*

1. Je suis dans un hôtel.   _____ ?

2. Elle va à l'université.   _____ ?

3. Je connais ces personnes.   _____ ?

4. Il a des responsabilités.   _____ ?

4. Complétez avec « quel », « quelle », « quels » ou « quelles ».

1. _____ est ta saison préférée ?   4. _____ sont les résultats ?

2. Tu vas voir _____ film ?   5. _____ est l'heure du rendez-vous ?

3. Je ne sais pas à _____ numéro il habite. 6. _____ sont les offres d'emploi ?

5. Complétez avec les verbes « partir », « prendre », « revenir », « comprendre », des articles
et des prépositions de temps.

– Cette année, je _____ en vacances _____ 16 mai.

– Et tu _____ quand ?

– Je _____ _____ 1ᵉʳ juin.

– Tu _____ toujours tes vacances _____ printemps ?

– Oui, mais je _____ aussi quelques jours _____ automne parce qu'_____
septembre il fait très beau au sud de la France.

– Si je _____ bien, tu as trois semaines de vacances ?

– Quatre ! une semaine _____ décembre pour Noël.

6. Mettez des accents si nécessaire : « a » / « à », « ou » / « où », « la » / « là ».

1. Allô, bonjour. Est-ce que Sophie est la ? C'est de la part de Marie.

2. On doit aller a la poste. Ou est la poste ? La-bas ?

3. Tu habites a la campagne ou a la montagne ?

4. Il va la ou il fait beau et ou la vie est belle.

7. Reliez (plusieurs possibilités).

1. Je vais	a. de la	A. aéroport
2. Je viens	b. à l'	B. bar
3. Je suis	c. du	C. campagne
	d. de	D. université
	e. au	E. maison
	f. à la	F. supermarché
	g. de l'	G. New York

8. Mettez au pluriel.

1. Elle ne comprend pas le chinois. _____

2. Il sait jouer du saxophone. _____

3. Tu apprends bien ton vocabulaire. _____

4. Je ne prends pas ce train. _____

5. Tu comprends ce mot ? _____

6. Il ne part jamais seul. _____

7. Elle vient de Mongolie. _____

9. Donnez le contraire de :

1. quelque chose _____   4. tout _____

2. tout le temps _____   5. quelqu'un _____

3. encore _____   6. du sucre _____

10. Répondez à la forme négative.

1. Tu viens quelquefois dans ce parc ? _____

2. Elle prend encore des cours d'anglais ? _____

3. Vous comprenez quelque chose ? _____

4. Ils reviennent ce week-end ? _____

5. On invite quelqu'un à déjeuner ? _____

6. Tout est parfait ? _____

16. LES VERBES PRONOMINAUX (1)

■ *À LA RETRAITE*

Madame Lafleur : Vous n'imaginez pas comme je suis contente d'être à la retraite ! Je me lève tard, je me couche tard. Je me promène toute la journée, je visite des musées, je vais au cinéma, je vois mes amis. On se donne rendez-vous dans des cafés. On s'amuse bien.

Madame Roux : Parfois vous vous ennuyez un peu, non ?

Madame Lafleur : Jamais ! Je me sens utile : je m'occupe d'une petite association pour les enfants du quartier. Je reste active. Et vous, votre retraite c'est bientôt ?

Madame Roux : Oui, je me prépare psychologiquement. J'ai un peu peur de m'ennuyer.

Madame Lafleur : Mais non, mais non, c'est comme des grandes vacances…

■ *RÉUNION D'ANCIENS ÉLÈVES*

Denis : Demain je pars à la campagne pour une réunion d'anciens élèves. On se réunit dans un château en Bourgogne. C'est la première fois qu'on organise une grande fête avec tout le monde.

Hervé : Tu es toujours en contact avec tes vieux copains ?

Denis : Oui, on se voit de temps en temps, on se téléphone, on s'envoie des mails. On se retrouve pour se faire un petit resto*. On s'aime bien, quoi !

Hervé : Tu te souviens de Robert ?

Denis : Bien sûr ! Il va venir … Excuse-moi, je me dépêche. J'ai mille choses à finir avant de partir. On se voit lundi à midi ?

Hervé : D'accord ! à lundi !

* Pour se faire un petit resto (familier) : aller dans un petit restaurant.

1. **Écoutez le premier dialogue et répondez à la question en utilisant le maximum de verbes : quelles sont toutes les activités de cette dame à la retraite ?**

_____

_____

_____

2. **Écoutez le deuxième dialogue et répondez à la question en utilisant le maximum de verbes : que font Denis et ses copains pour garder le contact ?**

_____

_____

_____

SE LEVER	S'APPELER
Je **me** lève	Je **m'**appelle
Tu **te** lèves	Tu **t'**appelles
Il / elle / on **se** lève	Il / elle / on **s'**appelle
Nous **nous** levons	Nous **nous** appelons
Vous **vous** levez	Vous **vous** appelez
Ils / elles **se** lèvent	Ils / elles **s'**appellent

- **Les verbes pronominaux** sont composés d'un pronom et d'un verbe.

→ *je **me**... tu **te**... il **se**... elle **se**... on **se**... nous **nous**... vous **vous**... ils **se**... elles **se**...*

Le pronom « se » (ou s' devant une voyelle) à l'infinitif change en fonction du sujet du verbe

LES VERBES PRONOMINAUX RÉFLÉCHIS

- **La majorité des verbes pronominaux sont aussi des verbes simples.**

– Quand ils ne sont pas pronominaux l'action porte sur un objet ou une personne.

– Quand ils sont pronominaux réfléchis l'action porte sur le sujet lui-même.

Je présente <u>mon ami</u> à mes parents.	→ *Je <u>me</u> présente : Ernest Legrand, architecte.*
Il lave <u>la voiture</u>.	→ *Il <u>se</u> lave.*
Nous préparons <u>une réunion</u>.	→ *Nous <u>nous</u> préparons pour partir.*

LES VERBES PRONOMINAUX RÉCIPROQUES

- **Quand ils sont réciproques, il y a une interaction entre deux ou plusieurs personnes.**

Tu téléphones souvent à Paul ? – Oui, nous <u>nous</u> téléphonons souvent.

Tu envoies des SMS à tes amis ? – Oui, on <u>s'</u>envoie beaucoup de SMS.

 Un verbe peut être réfléchi et réciproque :

    On s'appelle « Richard ». C'est le nom de notre père. → verbe pronominal réfléchi

    On s'appelle une fois par semaine pour discuter. → verbe pronominal réciproque

Les autres pronominaux
– Certains verbes sont exclusivement pronominaux (la forme simple n'existe pas).

Se souvenir → *On se souvient de ce jour-là.*
– Certains verbes pronominaux sont utilisés dans un sens passif.

On écrit ce mot comme ça. → *Ce mot s'écrit comme ça.*

1. Relevez les verbes pronominaux dans les dialogues.

2. Mettez au pluriel.

1. Elle se promène dans le parc _____

2. Tu te trompes ! _____

3. Il se souvient très bien. _____

4. Tu te relaxes _____

5. Je me dépêche _____

3. Complétez au présent.

1. On _____ *(s'adorer)*   5. Je _____ *(se demander)*

2. Tu _____ *(se lever)*   6. Tu _____ *(se souvenir)*

3. Elle _____ *(s'inquiéter)*   7. Vous _____ *(s'amuser)*

4. Nous _____ *(se dépêcher)*   8. Elles _____ *(se disputer)*

4. Complétez avec un pronom, si nécessaire.

1. Je _____ intéresse à l'économie et je _____ informe par les journaux.

2. La maison _____ trouve près d'ici. Elle _____ ressemble à un petit château.

3. Nous _____ préparons Noël et nous _____ téléphonons tous les jours

4. Vous _____ placez à côté de moi et Claude _____ assoit à ma gauche.

5. Tu _____ décourages facilement, tu _____ transformes tout en catastrophe.

5. Complétez.

1. Même sans parler, on _____ *(se comprendre)*

2. Ils sont amis, ils _____ beaucoup. *(se voir)*

3. Je fais une erreur, je _____ excusez-moi ! *(se tromper)*

4. Il a beaucoup de souvenirs : il _____ tout. *(se rappeler)*

5. Elle est courageuse : elle _____ à 5 heures du matin. *(se lever)*

6. Vous _____ tous les jours ? *(se téléphoner)*

6. Utilisez les verbes ci-dessous pour décrire votre caractère et vos activités.

1. Se coucher *(tôt/tard)* _____

2. Se réveiller *(avec un réveil/sans réveil)* _____

3. Se préparer *(rapidement/lentement)* _____

4. S'énerver *(facilement/rarement)* _____

5. S'intéresser à l'Histoire *(un peu/beaucoup)* _____

17. LES VERBES PRONOMINAUX (2)
FORME NÉGATIVE ET INTERROGATIVE

■ *JE PERDS LA MÉMOIRE*

 piste **33**

> **Hortense :** Je ne me souviens pas de l'heure de mon rendez-vous chez le dentiste. Est-ce que tu te rappelles, toi ?
>
> **Henri :** Non, je ne me rappelle pas. Regarde dans ton agenda.
>
> **Hortense :** Ce n'est pas dans mon agenda !
>
> **Henri :** Tu t'énerves pour rien. Tu vas trouver.
>
> **Hortense :** Je ne m'énerve pas, je m'inquiète un peu parce que je perds la mémoire.
>
> **Henri :** Mais non, ça arrive à tout le monde. Tu es un peu dans la lune*.
>
> **Hortense :** Toi aussi ! c'est pour ça qu'on s'entend bien !

* Tu n'es pas complètement dans la réalité.

■ *UNE MAUVAISE NOUVELLE*

 piste **34**

> **Yvan :** Salut, Pierre, j'ai une mauvaise nouvelle à t'annoncer.
>
> **Pierre :** Une mauvaise nouvelle ?
>
> **Yvan :** Oui, je vais divorcer.
>
> **Pierre :** Mais Annie et toi… !
>
> **Yvan :** Hé bien non, Annie et moi ça ne va plus. On se dispute tout le temps, on ne s'intéresse plus aux mêmes choses, On ne se comprend plus, bref, on ne s'aime plus !
>
> **Pierre :** Mais c'est peut-être une simple crise…
>
> **Yvan :** Je ne crois pas. En tout cas on se sépare. Je cherche un appartement.
>
> **Pierre :** Tu peux prendre l'appartement de Marianne… On se marie dans deux mois et on va habiter chez moi.
>
> **Yvan :** Vous vous mariez !... et bien, bonne chance !

1. Écoutez le premier dialogue et répondez à la question avec une phrase complète : pourquoi est-ce que la femme est énervée ?

_____

_____

_____

2. Écoutez le deuxième dialogue et répondez à la question avec une phrase complète : pourquoi est-ce que le couple va se séparer ?

_____

_____

_____

■ FORMES NÉGATIVES

• NE … PAS

S'INQUIÉTER	SE RAPPELER
Je ne m'inquiète pas	*Je ne me rappelle pas*
Tu ne t'inquiètes pas	*Tu ne te rappelles pas*
Il / elle / on ne s'inquiète pas	*Il / elle / on ne se rappelle pas*
Nous ne nous inquiétons pas	*Nous ne nous rappelons pas*
Vous ne vous inquiétez pas	*Vous ne vous rappelez pas*
Ils / elles ne s'inquiètent pas	*Ils / elles ne se rappellent pas*

• NE … PLUS

Maintenant je suis une vraie parisienne : je ne me perds plus dans le métro.

Pierre est encore dans son bureau ? Non, il n'est plus là.

• NE … PERSONNE

Il a bon caractère. Il ne se dispute avec personne.

Personne ne s'installe à cette place ?

• NE … RIEN

Nous ne nous occupons de rien ? C'est parfait !

• NE … JAMAIS

C'est dommage, on ne se voit jamais.

■ FORME INTERROGATIVE

• **Avec « Est-ce que… »**

Est-ce que vous vous rappelez votre premier jour à l'école ?

Est-ce que tu te réveilles tôt le matin ?

• **Avec l'intonation montante**

On ne se voit pas cette semaine ?

Ils se marient en mai ?

1. Relevez les verbes pronominaux dans les dialogues.

2. Dans le premier dialogue, changez les formes « je » des verbes en « elle » et dans le deuxième dialogue, changez les formes « on » des verbes en « nous ».

3. Mettez dans l'ordre.
   1. s' / ne / elle / pas / amuse _____
   2. Vous / rien / à / vous / ne / intéressez _____
   3. Nous / toi / ne / nous / moquons / de / pas _____
   4. à / s' / ils / la / habillent / mode _____
   5. Tu / pas / ne / reposes/ te ? _____

4. Complétez au présent à la forme négative.
   1. Elle _____ ? *(se préparer)*   4. Ils _____ *(se parler)*
   2. On _____ *(se dépêcher)*   5. Vous _____ ? *(se téléphoner)*
   3. Je _____ *(s'adapter)*   6. Il _____ *(se coucher)*

5. Répondez aux questions à la forme négative.
   1. Est-ce que tu te souviens de lui ?   – Non, _____ *(pas)*
   2. Est-ce qu'elles se téléphonent ?   – Non, _____ *(plus)*
   3. Est-ce qu'il s'intéresse à quelque chose ?   – Non, _____ *(rien)*
   4. Elle se maquille quelquefois ?   – Non, _____ *(jamais)*
   5. Quelqu'un s'occupe de l'organisation ?   – Non, _____ *(personne)*
   6. Vous vous ressemblez, toi et ta sœur ?   – Non, on _____ *(pas)*

6. Trouvez les questions correspondant aux réponses.
   1. _____ ?   – Oui, je me pose souvent des questions sur la vie.
   2. _____ ?   – Non, nous ne nous intéressons pas au sport.
   3. _____ ?   – Oui, elle s'adapte bien à son nouveau travail.
   4. _____ ?   – Non, ils ne se promènent pas dans ce quartier.
   5. _____ ?   – Si, ils s'aiment beaucoup.

7. Répondez librement.
   1. Est-ce que vous vous révoltez souvent contre l'injustice ? _____
   2. Est-ce que vous vous découragez facilement ? _____
   3. Est-ce que vous vous aimez comme vous êtes ? _____
   4. Est-ce que vous vous inquiétez souvent pour rien ? _____
   5. Est-ce que vos amis et vous, vous vous écrivez souvent des lettres ? _____

18. LES MOTS INTERROGATIFS

■ PROJET DE VOYAGE

 piste 35

Matthieu : Comment est-ce qu'on dit « Oui » en turc ?

Mustafa : Evet.

Matthieu : Et « tamama », qu'est-ce que ça veut dire ?

Mustafa : ça veut dire « d'accord ». Pourquoi est-ce que tu poses ces questions ?

Matthieu : Parce que je voudrais aller en Turquie.

Mustafa : Quand ?

Matthieu : En juillet

Mustafa : Où est-ce que tu veux aller exactement ?

Matthieu : À Izmir. Combien coûte un vol Paris-Izmir ?

Mustafa : Minimum 250 euros aller-retour. Tu sais, je vais chez moi à Istanbul cet été. Je peux passer quelques jours à Izmir avec toi et être ton guide.

Matthieu : ça c'est vraiment gentil !

■ AUTORITÉ PATERNELLE

 piste 36

Le père : Qu'est-ce que tu fais ?

La fille : Je sors.

Le père : Où est-ce que tu vas ?

La fille : Je vais boire un verre avec des copains.

Le père : Avec quels copains ?

La fille : Miguel, Sylvain, Dorothée et Laurent.

Le père : C'est qui ce Laurent ?

La fille : Un ami de Miguel.

Le père : Tu dois être là à minuit, tu entends ?

La fille : Papa, pourquoi est-ce que tu dis ça ? Minuit c'est trop tôt !

Le père : Combien de fois est-ce que je dois répéter que tu n'es pas majeure* ?

La fille : Mais j'ai dix-sept ans ! je ne suis plus une enfant !

* Être majeur(e) en France c'est avoir dix-huit ans ou plus.

1. Écoutez le premier dialogue et répondez aux questions avec des phrases complètes.

1. Pourquoi est-ce que Matthieu pose des questions à son ami turc ?

2. Quand est-ce qu'il veut partir ?

3. Comment est-ce qu'il veut aller là-bas ?

4. Combien coûte l'avion ?

5. Qu'est-ce que son ami propose ?

2. Écoutez le deuxième dialogue et répondez aux questions avec des phrases complètes.

1. Quel âge a cette fille ?

2. Pourquoi est-ce que son père pose des questions ?

3. Est-ce que son père connaît les amis de sa fille ?

4. À quelle heure est-ce que la fille doit rentrer ?

Réviser les chapitres 7 (Est-ce que / Qu'est-ce que ?) et 14 (Quel(le)(s) ?)

• Le lieu
OÙ + est-ce que + sujet + verbe ?

Où est-ce que tu vas ? – Je vais à la boulangerie.
Où est-ce qu'il habite ? – Il habite à Moscou.

• Le temps
QUAND + est-ce que + sujet + verbe ?
À QUELLE HEURE ?

Quand est-ce qu'elle arrive ? – Elle arrive demain matin.
À quelle heure est-ce que vous déjeunez ? – Nous déjeunons à midi et demi.

• La cause
POURQUOI + est-ce que + sujet + verbe ?

Pourquoi est-ce qu'ils ne sont pas contents ? – Parce que c'est trop cher.
Pourquoi est-ce qu'elle part ? – Parce qu'elle a un rendez-vous.

• La manière, le moyen de transport
COMMENT + est-ce que + sujet + verbe ?

Comment est-ce que tu écris ce mot ?
Comment est-ce nous rentrons ? – En train.

Autres questions avec « comment »
Comment vas-tu ?
Comment t'appelles-tu ?

• Le prix
COMBIEN + est-ce que + sujet + verbe ?

Combien est-ce que ça coûte ? – 300 euros.
Combien est-ce que je vous dois ? – Rien, c'est gratuit.

• La quantité
COMBIEN DE + est-ce que + sujet + verbe ?

Combien de personnes sont invitées ?
Combien de fois est-ce que je dois répéter la même chose ?

• Une personne
– Qui sujet : **QUI + verbe**

Qui est là ? – Julien. Qui est-ce ? – C'est mon copain.
Qui veut venir avec nous ? – Moi !
– Qui complément : **QUI + sujet + verbe**
Qui est-ce que vous voulez voir ?
Qui est-ce que tu préfères ?

Il est possible de dire « Qui est ce qui »
au lieu de « qui » :
Qui est-ce qui veut du gâteau ?
= Qui veut du gâteau ?

⚠ Est-ce que → est-ce qu' + voyelle (a, e, i, o, u, y) et h

En français familier on n'utilise pas « est-ce que »,
le mot interrogatif est à la fin de la phrase et
l'intonation est montante (↗) :
Tu vas où ? Elle part à quelle heure ? Il s'appelle comment ?
Ça coûte combien ? Vous êtes combien ? C'est qui ?
« Que » devient « quoi » : Tu fais quoi dimanche ?

1. Soulignez les mots interrogatifs dans les deux dialogues.

2. Changez les questions avec « tu » en « vous ».

3. Reliez.

                                 a. C'est un stylo.

1. Qui est-ce ?   b. C'est ma grand-mère.

2. Qu'est-ce que c'est ?   c. C'est une ville au Vietnam.

                                 d. C'est mon petit ami.

4. Transformez les questions en utilisant « est-ce que ».

   🖉 *Exemple : Elle passe son examen quand ? → Quand est-ce qu'elle passe son examen ?*

   1. Tu as rendez-vous à quelle heure ? _____

   2. Elle rentre chez elle comment ? _____

   3. Vous voulez quoi ? _____

   4. Ils habitent où ? _____

   5. Tu as combien de frères et sœurs ? _____

   6. Pourquoi il ne parle pas ? _____

   7. Vous devez voir qui ? _____

5. Complétez avec « combien «, « combien de », « combien d' ».

   1. _____ argent est-ce que tu as sur toi ?

   2. _____ coûtent ces fleurs ?

   3. _____ fois par semaine est-ce que vous allez au cours de gym ?

   4. _____ est-ce qu'elle peut payer ?

   5. _____ étudiants vont au cours de français ?

6. Complétez avec un mot interrogatif.

   1. _____ est-ce que tu dois être à l'aéroport ? À 16 heures.

   2. _____ oranges est-ce que j'achète ? Un kilo

   3. _____ est-ce que vous allez en vacances ? En Espagne.

   4. _____ est-ce qu'elle fait dans la vie ? Elle travaille dans un restaurant.

   5. _____ est-ce qu'il ne téléphone pas ? Peut-être parce qu'il ne peut pas téléphoner.

   6. _____ est-ce que je paie? Par carte bancaire.

   7. _____ veut aller se promener ? Nous !

   8. _____ il commence son nouveau travail ? La semaine prochaine.

1. Complétez avec un pronom.

1. Je lève la main et je _____ lève pour poser une question.

2. Nous préparons le dîner et nous _____ préparons.

3. Elle _____ réveille et elle réveille les enfants.

4. Tu organises ta semaine et tu _____ organises pour être libre samedi.

5. Il adore sa femme. En fait ils _____ adorent tous les deux.

2. Répondez.

1. Tu te souviens de ton grand-père ?   – Oui, _____

2. Vous vous appelez par votre prénom ?   – Oui, nous _____

3. Ils s'organisent pour demain ?   – Oui, _____

4. On s'appelle lundi ?   – D'accord, _____

5. Tu t'amuses bien au cours de danse ?   – Oui, _____

6. Vous vous connaissez bien ?   – Oui, on _____

3. Mettez dans l'ordre.

1. Vous / demain / levez / tôt ? / pas / ne / vous

_____

2. Se / ils / ne / jamais / disputent

_____

3. Ne / tu / rappelles / pas ? / te

_____

4. me / souvent / pas / je / trompe / ne

_____

5. nous / pas / connaissons / nous / ne

_____

4. Reliez (plusieurs possibilités).

1. On se voit   a. comment ?

2. On s'habille   b. qui ?

3. On se retrouve chez   c. quand ?

4. Ça se prononce   d. où ?

5. On se donne rendez-vous   e. à quelle heure ?

5. Répondez à la forme négative.

1. Tu t'intéresses à la mode ?   – Non, je _____

2. Vous vous inquiétez pour elle ?   – Non, nous _____

3. Ils se ressemblent ?   – Non, ils _____

4. Vous vous occupez de cette affaire ?   – Non, je _____

5. Elles s'adaptent bien ?   – Non, elles _____

6. Complétez avec « combien », « combien de » ou « comment ».

1. _____ vont tes parents ? Ils vont bien, merci.
2. _____ frères est-ce que vous avez ? J'ai deux frères.
3. _____ coûte cette voiture ? Cher, très cher !
4. _____ est-ce que vous allez à Avignon ? En voiture.
5. _____ ça s'écrit ? avec deux « t ».

7. Complétez les questions avec « qu'est-ce que », « qui », « « quel(s) » ou « quelle(s) ».

1. _____ vous prenez au petit déjeuner ? – Du café.
2. _____ céréales est-ce que vous aimez ? – J'aime tout.
3. _____ veut du thé ? – Moi !
4. _____ thé est-ce que tu préfères ? – Le thé de Ceylan.
5. _____ tu veux boire ? – Du lait.
6. _____ vient déjeuner aujourd'hui ? – Béatrice.

8. Complétez les questions.

1. _____ âge avez-vous ?
2. _____ est-ce que vous travaillez ?
3. _____ est-ce que vous commencez le matin ?
4. _____ vous êtes marié ?
5. _____ d'enfants est-ce que vous avez ?
6. _____ vous aimez faire pendant votre temps libre ?

9. Lisez les déclarations et trouvez les questions correspondantes.

1. _____ « Je suis architecte. »
2. _____ « Non, je ne travaille pas seul. »
3. _____ « Je gagne 5000 euros par mois. »
4. _____ « Non, ma femme ne travaille pas. »
5. _____ « C'est ma femme qui contrôle le budget familial. »
6. _____ « Nous avons trois enfants. »
7. _____ « 5, 7 et 11 ans. »
8. _____ « Actuellement je finis un grand projet et je veux partir aux USA. »
9. _____ « Pour avoir une expérience internationale. »
10. _____ « Nous partons en janvier. »

19. ADJECTIFS ET ADVERBES (BON, MAUVAIS, BIEN, MAL)

■ *UN MAUVAIS NUMÉRO*

 piste **37**

Une femme : Allô ! Bonjour monsieur.

Un homme : Bonjour madame.

Une femme : Je voudrais parler à Jacqueline, s'il vous plaît.

Un homme : Il n'y a pas de Jacqueline ici…

Une femme : Allô, allô je n'entends pas bien.

Un homme : Je dis qu'il n'y a pas de Jacqueline ici. Ce n'est pas le bon numéro.

Une femme : Ce n'est pas le 01 56 78 90 20 ?

Un homme : Non, madame, vous avez fait un mauvais numéro.

Une femme : Oh excusez-moi !

Un homme : Je vous en prie. Au revoir madame.

■ *UN RESTAURANT SYMPATHIQUE*

 piste **38**

Xavier : Tu connais un bon restaurant pas trop cher ?

François : Oui, le café-restaurant en bas de chez moi. C'est un café internet et en même temps un restaurant. On y mange pas mal… et en plus il y a une bonne ambiance. C'est toujours plein.

Xavier : Il faut réserver ?

François : Le week-end oui, mais moi je n'ai pas besoin de réserver. Ils me connaissent bien. Tu veux essayer le restaurant vendredi ?

Xavier : Je veux bien.

François : Alors à vendredi vers 20 heures chez moi.

Xavier : ça marche !

1. Écoutez le premier dialogue et dites si oui ou non vous entendez ces phrases.

✎ *Exemple : Ne quittez pas. → Non*

1. Je voudrais parler à Clotilde.   2. J'entends mal.   3. Ce n'est pas le bon numéro.

4. Vous avez fait une erreur.   5. Je vous en prie.   6. Pardon !

2. Écoutez le deuxième dialogue et dites si oui ou non vous entendez ces phrases.

1. Un bon restaurant pas cher.   2. Á côté de chez moi.   3. Il y a une bonne ambiance.

4. Ils ne me connaissent pas bien.   5. Tu veux déjeuner là vendredi ?   6. Vers 5 heures.

■ *DIFFÉRENCE ENTRE UN ADJECTIF ET UN ADVERBE*

• **Un adjectif modifie un nom ou le sujet du verbe.** Il s'accorde avec ce nom.

Ell__es__ sont content__es__. Il__s__ sont sympathique__s__.

C'est un__e__ grand__e__ maison. Il y a des question__s__ important__es__.

• **Un adverbe modifie un verbe.** Il est invariable.

Elle __vient__ souvent ici. Ils __habitent__ toujours au Liban.

■ *BON, BONS, BONNE, BONNES → ADJECTIFS*

Bon voyage ! Bonne année !

Elle a beaucoup de bonnes idées.

Les résultats sont bons.

■ *MAUVAIS, MAUVAISE, MAUVAISES → ADJECTIFS*

Il fait mauvais temps.

C'est une mauvaise idée. Je ne suis pas d'accord.

À l'école il ne travaille pas et il a de mauvaises notes.

> On fait la liaison avec le « n » devant une voyelle
> Bon‿appétit !   Bon‿anniversaire

■ *BIEN → ADVERBE*

Tu parles bien français maintenant !

Je ne comprends pas bien quand ils parlent ensemble.

■ *MAL → ADVERBE*

Il a des insomnies : il dort mal.

Tu écris mal, on ne peut pas lire ta lettre.

• **C'est bien / C'est mal** → jugement moral ou impression générale

C'est bien d'aider les autres.

Partir sans payer c'est mal !

C'est bien ici ! Vous avez beaucoup de place.

• **C'est bon / c'est mauvais** → sensation physique

Hum, c'est très bon, c'est délicieux !

Pouah ! C'est horrible ! C'est vraiment mauvais.

C'est bon d'être au soleil… mais sans crème solaire c'est mauvais pour la peau.

 Je veux bien = J'accepte

« Bien » est utilisé aussi pour vérifier une information :

*Je suis **bien** au 06 42 31 25 10 ? Vous êtes **bien** monsieur Lagarde ?*

 On utilise plus « ce n'est pas bien » que « c'est mal »

Ce n'est pas bien de fumer.

Langue parlée « C'est pas mal » = « C'est (assez) bien »

1. Relevez les adverbes avec leurs verbes et les adjectifs avec leurs noms. Puis transformez avec des adverbes ou des adjectifs de sens opposé si possible.

✎ *Exemple : bien → mal, etc.*

2. Faites l'accord si nécessaire.

1. C'est une _____ surprise. *(bon)*

2. Il a le _____ rôle. *(mauvais)*

3. Les bons comptes font les _____ amis. *(bon)*

4. Elles dansent _____ . *(mal)*

5. Ils ont une _____ excuse. *(bon)*

6. Elle explique _____ les problèmes. *(mal)*

7. J'ai une _____ impression. *(mauvais)*

8. Ils n'ont pas de _____ intentions. *(mauvais)*

9. Nous sommes en _____ santé. *(bon)*

10. _____ vacances ! *(bon)*

3. Répondez en utilisant un adjectif ou un adverbe de sens opposé.

1. Est-ce qu'il chante bien ?   – Non, _____

2. Est-ce qu'ils ont une mauvaise influence sur elle ?   – Non, ils _____

3. Est-ce qu'elle va bien ?   – Non, elle _____

4. Est-ce qu'il a bon caractère ?   – Non, _____

5. Est-ce qu'ils ont une bonne réputation ?   – _____

6. Est-ce que je prononce mal ?   – _____

4. Complétez avec « c'est bien », « c'est bon », « ce n'est pas bien » ou « c'est mauvais ».

1. Tu es généreux, _____

2. _____ d'avoir des projets.

3. Le chocolat ? _____ j'adore !

4. Je ne peux pas manger ça : _____

5. _____ de critiquer tout le temps.

6. Fumer ? _____ pour la santé.

5. Complétez avec « bien » ou « mal », « bon(s) », « bonne(s) » (+), « mauvais », « mauvaise(s) »(-).

1. Il y a de _____ professeurs dans cette école c'est une _____ école. (+)

2. Il a un _____ poste maintenant. Il gagne _____ sa vie. (+)

3. Ces enfants parlent _____ à leur mère. Ce n'est pas _____ ! (-)

4. Les acteurs jouent _____ C'est un _____ spectacle. (-)

5. Tu parles _____ et tu as un _____ accent. C'est _____ ! (+)

6. Faites des phrases avec les noms et les verbes proposés, pour vous décrire, parler de vos goûts et de vos activités.

caractère – santé – travail – amis – parler – aimer – connaître – comprendre – chanter – jouer

✎ *Exemple : Je connais bien l'Europe mais je connais mal l'Afrique. J'ai un bon caractère…*

_____

_____

_____

20. LES COMPARATIFS

■ *UNE RANDONNÉE*

 piste **39**

Le moniteur : On a deux options : passer par la forêt, ou faire le tour du lac.

Le premier randonneur : On marche autant dans les deux cas ?

Le deuxième randonneur : Oui, autant, mais le chemin de la forêt est plus difficile que le chemin qui va au lac !

Le moniteur : C'est vrai, par le lac c'est moins difficile. Ça monte moins.

Le deuxième randonneur : … et c'est plus agréable.

Le moniteur : Moi je trouve que les deux itinéraires sont aussi agréables. Alors forêt ou lac ? On vote… Pour la forêt levez la main !... Pour le lac ?... C'est la forêt ! En route !

■ *À LA PHARMACIE*

 piste **40**

La pharmacienne : Voilà ! Vous prenez un comprimé matin et soir, pas plus.

La cliente : Mais ce n'est pas le médicament de l'ordonnance.

La pharmacienne : Si, madame. Il n'a pas le même nom mais c'est la même composition. Il a autant de principes actifs que l'autre mais il est moins cher. C'est une copie légale. On appelle ça un générique.

La cliente : Vous êtes sûre qu'il est aussi efficace que l'autre ?

La pharmacienne : Oui, madame.

La cliente : Ah bon !

◀ 1. Écoutez le premier dialogue et répondez aux questions.

1. Combien de personnes parlent dans ce dialogue ?

2. Qu'est-ce qu'ils font ?

3. Pourquoi est-ce qu'ils discutent ?

4. Quel chemin est-ce qu'ils choisissent ?

◀ 2. Écoutez le deuxième dialogue et répondez aux questions.

1. Combien de personnes parlent dans ce dialogue ?

2. Qui sont ces personnes ?

3. Qu'est-ce que la pharmacienne donne ?

4. Est-ce que la cliente est satisfaite ?

5. Quel est le problème ?

6. Est-ce que le problème est réglé à la fin ?

■ COMPARATIF DE SUPÉRIORITÉ

• **PLUS** + **adjectif ou adverbe** + **QUE**
Le premier exercice est plus facile que le deuxième.
Claude parle plus vite que Sébastien.

• **Verbe** + **PLUS QUE**
Tu fumes plus qu'avant.
Nous allons plus au cinéma qu'au théâtre.

• **PLUS DE** + **nom** + **QUE**
Il connaît plus de gens que moi.
J'ai plus d'amis étrangers que d'amis français.

> Avec un verbe, on prononce le « s » de « plus » pour bien faire la différence avec la négation ne… plus.
> *Maintenant il travaille plus (+) /*
> *Maintenant il ne travaille plus (-).*

■ COMPARATIF D'INFÉRIORITÉ

• **MOINS** + **adjectif ou adverbe** + **QUE**
C'est moins cher que tu crois.
Elle vient moins souvent qu'avant.

• **Verbe** + **MOINS QUE**
On se voit moins qu'avant.
Tu dois manger moins.

• **MOINS DE** + **nom** + **QUE**
J'ai moins d'appétit en ce moment.
Fais un peu moins de bruit s'il te plaît !

■ COMPARATIF D'ÉGALITÉ

• **AUSSI** + **adjectif ou adverbe** + **QUE**
Elle est aussi belle que sa mère.
Il parle aussi mal l'espagnol que moi.

• **Verbe** + **AUTANT QUE**
Elle gagne autant que son mari.
Il a 3 ans mais il mange autant qu'un enfant de 5 ans.

• **AUTANT DE** + **nom** + **QUE**
Dans le groupe il y a autant de femmes que d'hommes.
Ils ne prennent pas autant de vacances que nous.

⚠ **Plus de**, **moins de**, **autant de** → **plus d'**, **moins d'**, **autant d'** devant une voyelle ou h.
Élise a plus d'humour que son frère.

1. Relevez les expressions de comparaison dans les deux dialogues.

2. Complétez avec « de » ou « d' » si nécessaire.
1. Elle est plus _____ fatiguée : elle a moins _____ énergie.
2. On fait moins _____ fêtes mais on invite plus _____ amis.
3. Il a autant _____ travail mais moins _____ responsabilités.
4. J'ai plus _____ projets et je suis plus _____ optimiste.
5. Vous êtes aussi _____ compétent que votre collègue et vous avez plus _____ autorité.

3. Répondez en utilisant « aussi », « autant » ou « autant de / d'» ou « autant que / qu' ».
1. C'est plus difficile ou moins difficile maintenant ? – C'est _____
2. Il y a plus d'étudiants ou moins d'étudiants que dans l'autre classe ? – Il y a _____
3. Tu voyages plus ou moins qu'avant ? – Je _____
4. Vous faites plus de sport ou moins de sport ? – On _____
5. Son second livre est plus ou moins intéressant que le premier ? – Il est _____

4. Complétez avec un comparatif.
1. En Asie, on mange _____ riz _____ en Europe. (+)
2. Le mois de mars a _____ jours _____ le mois de mai. (=)
3. Les personnes âgées dorment _____ les jeunes. (-)
4. Ton fils est _____ beau _____ ta fille. (=)
5. En hiver il y a _____ soleil _____ en été.(-)

5. Annie cherche un emploi de serveuse dans un restaurant. Elle a deux propositions.
Comparez-les en faisant des phrases.

Chez Martha
50 tables
Menus à 20 et 25 euros
Heures de travail : 35 heures
Salaire : 1 200 euros
Contrat : 3 mois d'essai

Le Restaurant des peintres
40 tables
Menu fixe à 18 euros
Heures de travail : 35 heures
Salaire : 1 100 euros
Contrat : 3 mois d'essai

6. Répondez librement aux questions.
1. Est-ce que vous écoutez plus de musique moderne ou plus de musique classique ?

2. En ce moment est-ce que vous mangez plus ou moins que d'habitude ?

3. Cette année, vous prenez plus de vacances que l'année dernière ?

4. Est-ce que vous passez plus de temps ou moins de temps qu'avant à faire vos exercices de français ?

21. LES IMPÉRATIFS RÉGULIERS ET LES COMPARATIFS IRRÉGULIERS

■ DANS UN MAGASIN DE VÊTEMENTS

 piste **41**

> **Dora :** Essaie d'abord la petite robe noire !
> **Elsa :** D'accord.
> *(Elle essaie la robe.)*
> **Dora :** Elle est très chic et elle te va bien…
> mais elle n'est pas un peu large ? C'est du 40 ?
> **Elsa :** Oui, je vais essayer la taille 38.
> *(Elle essaie la taille 38.)*
> **Dora :** Ah oui ! C'est mieux, beaucoup mieux.
> **Elsa :** J'essaie la rouge maintenant.
> *(Elle essaie la robe rouge.)*
> **Dora :** Fais voir ! Tourne-toi ! Elle te va aussi très bien mais moins bien
> que l'autre. Moi, j'aime mieux la noire.
> **Elsa :** Moi aussi. Allez ! je prends la noire.

■ UNE BONNE RECETTE

 piste **42**

> **Elsa :** Goûte ! Dis-moi si c'est bon.
> **Dora :** Hum… pas mauvais, mais ajoute un peu de
> sucre et mets aussi quelques gouttes de vanille.
> *(Elle ajoute le sucre et la vanille.)*
> **Elsa :** Et maintenant ?
> *(Dora goûte.)*
> **Dora :** C'est meilleur ! Hum ! C'est délicieux !
> **Elsa :** Bon ! ça c'est la crème pour le dessert.
> Maintenant le plat principal. J'ai un vieux livre de
> cuisine de ma grand-mère, plein de bonnes recettes.
> **Dora :** Super !

1. Écoutez le premier dialogue et dites si c'est vrai ou faux.

🖉 *Exemple : Deux hommes sont dans un magasin.* → *faux*

1. La première robe noire est trop large.
2. Elsa essaie une robe blanche.
3. La robe rouge est mieux que la robe noire.
4. Elles sont d'accord pour choisir la robe noire.

2. Écoutez le deuxième dialogue et dites si c'est vrai ou faux.

1. Deux amies font la cuisine ensemble.
2. Elles font un gâteau.
3. Une des deux amies veut ajouter du sucre et de la crème.
4. Elle a un livre de cuisine de sa mère.

FORMES RÉGULIÈRES DE L'IMPÉRATIF

• **Pour former l'impératif,** on utilise le présent aux formes « tu » « vous » et « nous » et on supprime le pronom sujet.

Tu fais   → Fais !

Vous faites   → Faites !

Nous faisons   → Faisons !

• **Pour les verbes en « er »,** on supprime le « s » du « tu » :

Tu regardes   → Regarde !

Vous regardez   → Regardez !

Nous regardons   → Regardons !

• **Pour les verbes pronominaux**

Tu te lèves   → Lève-toi !

Vous vous levez   → Levez-vous !

Nous nous levons → Levons-nous !

⚠ « Te » devient « toi » à l'impératif affirmatif.
Tu te dépêches ?
Dépêche-toi !

• **Forme négative**
Ne parle pas ! Ne dis rien !
Ne te lève pas ! Ne vous inquiétez pas !

LES COMPARATIFS IRRÉGULIERS

• **BON** → MEILLEUR
Il faut obtenir un meilleur prix.

• **BONS** → MEILLEURS
Bravo ! Les résultats sont meilleurs.

+ nom

• **BONNE** → MEILLEURE
C'est une bonne idée, mais moi j'ai une meilleure idée…

• **BONNES** → MEILLEURES
Ces photos sont meilleures que les autres.

• **BIEN** → MIEUX **après le verbe au présent**
Il parle mieux qu'elle.
Maintenant nous comprenons mieux qu'avant.

• **C'EST BON** → C'EST MEILLEUR
C'est bon mais c'est meilleur si tu ajoutes de la crème.

• **C'EST BIEN** → C'EST MIEUX
Parler une langue étrangère, c'est bien, parler deux langues, c'est mieux.

1. Relevez les verbes à la forme impérative. Donnez l'infinitif.

2. Dans les deux dialogues quand est-ce qu'on utilise « c'est mieux » et « c'est meilleur » ?

3. Mettez les verbes aux trois personnes de l'impératif.
1. Venir _____
2. Partir _____
3. Prendre _____
4. Faire _____

4. Répondez avec un impératif négatif (« tu » et « vous »).
1. Je peux regarder ?   – Non, _____
2. Je dois payer ?   – Non, _____
3. Je dois répondre ?   – Non, _____
4. Je peux expliquer ?   – Non, _____

5. Transformez en impératif.
1. Tu te lèves ? _____ !   4. Vous vous souvenez ? _____ !
2. Vous vous dépêchez ? _____ !   5. Tu te calmes ? _____ !
3. Tu te prépares ? _____ !   6. Vous vous asseyez ? _____ !

6. Complétez avec des comparatifs.
1. Les conditions de travail sont bonnes ?   – Oui, elles sont _____ maintenant.
2. Il joue bien ?   – Oui, il joue _____ qu'avant.
3. Elle a bon accent ?   – Oui, elle un _____ accent maintenant.
4. Ils participent bien ?   – Oui, ils participent _____ maintenant.

7. Complétez avec « mieux » ou « meilleur(e)(s) ».
1. J'aime _____ rester ici.   4. C'est _____ avec un peu de sucre.
2. Ce vélo marche _____ que l'autre.   5. J'ai une _____ opinion d'elle.
3. Son dernier film est _____ que le précédent.   6. C'est _____ de réserver avant.

8. Cochez les réponses correspondant à votre situation actuelle.

	un peu mieux	mieux	beaucoup mieux	
1. Je comprends	❏	❏	❏	mon professeur.
2. Je prononce	❏	❏	❏	les mots
3. Je parle	❏	❏	❏	français.
4. Je connais	❏	❏	❏	la vie en France.

22. LES PRONOMS RELATIFS SIMPLES

■ *DES CADEAUX D'ANNIVERSAIRE*

 piste **43**

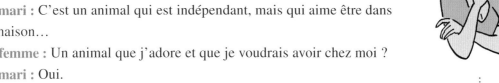

Le mari : J'ai deux idées de cadeaux pour l'anniversaire de la femme que j'aime.

La femme : Quelle femme ?

Le mari : La femme qui est devant moi et qui m'écoute. Le premier cadeau c'est un objet qui est joli et qu'on porte autour du cou…

La femme : Un collier ! et le deuxième ?

Le mari : C'est un animal qui est indépendant, mais qui aime être dans la maison…

La femme : Un animal que j'adore et que je voudrais avoir chez moi ?

Le mari : Oui.

La femme : Un chat !

Le mari : Alors quel cadeau est-ce que tu préfères ?

La femme : Les deux !

■ *UN MYSTÉRIEUX INVITÉ*

 piste **44**

Gloria : Qui vient demain à ta soirée ?

Sophie : Jean que tu connais et sa nouvelle copine. Les Ducoin qui sont très sympas et que je vois souvent. Marianne avec qui je travaille, Thomas…

Gloria : Qui est-ce ?

Sophie : C'est un photographe que tu vas certainement trouver intéressant.

Gloria : Ah ! Ah ! est-ce que tu crois que c'est demain le jour où je vais rencontrer l'homme que je cherche depuis si longtemps ?

Sophie : Qui sait…

◀ **1. Écoutez le premier dialogue. Entendez-vous ces phrases dans le dialogue, oui ou non ?**

✐ *Exemple : la femme que j'aime → oui*

1. La femme avec qui j'habite. 2. Un objet qui est joli. 3. Un objet que j'aime.

4. Un animal qui est beau. 5. Un animal que j'adore.

◀ **2. Écoutez le deuxième dialogue et dites qui est invité à cette soirée.**

_____

_____

_____

• QUI

– « **Qui** » **représente un objet ou une personne, <u>sujet</u> du verbe qui suit.**

C'est une femme qui est très sympathique. → *La femme est sympathique.*

C'est un objet qui coûte cher. → *L'objet coûte cher.*

• QUE / QU'

– « **Que** » **représente un objet ou une personne, <u>complément direct</u> du verbe qui suit.**

Nous écoutons une belle musique. → *La musique **que** nous écoutons est belle.*

Elle utilise ce dictionnaire. → *C'est ce dictionnaire **qu'**elle utilise.*

J'aime beaucoup ces personnes. → *Ce sont des personnes **que** j'aime beaucoup.*

Il préfère cette actrice française. → *C'est l'actrice française **qu'**il préfère.*

 Que → qu'

   Devant a, e, i, o, u, y, et h

   Mais « qui » reste toujours « qui »

• OÙ

– **indique le lieu**

Voici la bibliothèque où je vais souvent.

C'est la ville où ils habitent.

– **indique le temps**

Pas de chance : le jour où tu arrives il pleut !

Août est un mois où il fait chaud en France.

1. **Soulignez les pronoms relatifs dans les deux dialogues.**

2. **Complétez avec « que » ou « qu' ».**
   1. L'ami _____ tu connais.
   2. Le cadeau _____ il offre.
   3. Le pays _____ nous aimons.
   4. Les gens _____ je vois souvent.
   5. La couleur _____ elle préfère.
   6. La personne _____ on doit contacter.

3. **De deux phrases faites une seule phrase.**
   ✐ *Exemple : Je lis un livre. Ce livre est très intéressant. → Je lis un livre qui est intéressant.*
   C'est un joli village. Nous aimons ce village. → C'est un joli village que nous aimons.
   1. Elle a un chat. Ce chat est noir. _____
   2. Voilà le stylo. Je cherche ce stylo. _____
   3. C'est une histoire. Cette histoire n'est pas simple. _____
   4. Voici Emmanuel. Emmanuel est mon assistant. _____
   5. Voilà Sarah. Vous connaissez bien Sarah. _____

4. **Reliez (plusieurs possibilités).**
   1. C'est la semaine   a. qu'on trouve génial, est hollandais.
   2. Je vais répondre à toutes les questions   b. que tout le monde admire.
   3. Tu connais le site internet   c. qui est très compétent.
   4. Le propriétaire,   d. que vous posez.
   5. Dimanche est le jour   e. où nous invitons la famille et les amis.
   6. Il va chez un médecin   f. où je dois passer mon examen.
   7. C'est cet étudiant   g. qui organise des échanges de maisons ?

5. **Devinettes. Complétez avec des pronoms relatifs puis répondez à la question.**
   1. C'est un instrument de musique _____ a des cordes _____ on pince avec les doigts. C'est un instrument _____ les Espagnols aiment particulièrement.
   Qu'est-ce que c'est ? _____
   2. C'est un homme _____ les Français élisent pour cinq ans, _____ gouverne la France et _____ représente son pays à l'étranger. Qui est-ce ? _____
   3. C'est un animal _____ est le meilleur ami de l'homme, _____ on aime avoir pour garder la maison et _____ est fidèle à son maître.
   Qu'est-ce que c'est ? _____

6. **À vous ! Décrivez un objet que vous aimez particulièrement.**

▪ BILAN 6

1. **Classez les mots soulignés : adjectif ? ou adverbe ?**

1. Chantal et Éric vont <u>bien</u>.　　　adjectif　　　adverbe

2. On comprend <u>mal</u>.　　　adjectif　　　adverbe

3. Il a <u>mauvais</u> caractère.　　　adjectif　　　adverbe

4. C'est une <u>bonne</u> idée.　　　adjectif　　　adverbe

2. **Complétez avec les adjectifs « bon(s) », « bonne(s) » ou l'adverbe « bien ». Puis transformez en utilisant les adjectifs ou l'adverbe de sens opposé (« mauvais », « mauvaise(s) », « mal »).**

1. C'est une _____ pièce de théâtre. Les acteurs sont _____ . Ils jouent _____ . On passe une _____ soirée.

2. C'est un _____ restaurant. Les plats sont _____ , simples et copieux. La qualité des produits est _____ .

3. C'est une _____ étudiante. Elle a de _____ résultats à ses examens. Elle travaille _____ et elle comprend _____ .

C'est une mauvaise pièce de théâtre. _____

_____

_____

3. **Complétez avec « c'est bon », « c'est bien », « ce n'est pas bien ».**

1. _____ d'être au soleil, sur la plage.

2. _____ d'arriver à l'heure à ses rendez-vous.

3. _____ de ne pas penser aux autres.

4. _____ avec un peu de crème fraîche.

4. **Complétez avec « plus de », « plus d' » ou « moins de », « moins d' » ... « que ».**

1. Il y a 15 étudiants dans le groupe A, 12 étudiants dans le groupe B.

Il y a _____ dans le groupe A _____ dans le groupe B.

2. Il y a 200 g de chocolats dans la boîte bleue, 250 g dans la boîte rouge.

Il y a _____ chocolats dans la boîte bleue _____ dans la boîte rouge.

3. Il y a quatre enfants dans la famille Lévêque, trois enfants dans la famille Bulle.

Il y a _____ enfants dans la famille Lévêque _____ dans la famille Bulle.

5. **Complétez avec « autant », autant de », « autant d' ».**

1. Nous avons _____ travail que l'année dernière.

2. Il n'a pas arrêté de fumer : il fume toujours _____ .

3. Tu as _____ expérience que l'autre candidat.

4. On voyage _____ qu'avant.

5. Elle a _____ qualités que de défauts.

6. Transformez comme dans l'exemple.

✎ Exemple : Il est drôle. Son frère aussi. → Il est aussi drôle que son frère.

1. Elle est active. Sa mère aussi. _____

2. La langue portugaise est difficile. L'espagnol aussi. _____

3. Aujourd'hui, il fait froid à Paris. À Lille aussi. _____

4. Mon studio est petit. Ton studio aussi. _____

5. Mon ordinateur marche bien. Votre ordinateur aussi. _____

7. Comparez ces deux villes imaginaires.

Toronctou	Frankville
20 000 habitants	18 900 habitants
50 jours de soleil par an	200 jours de soleil par an
100 jours de pluie par an	50 jours de pluie par an
Nombre d'écoles : 10	Nombre d'écoles : 10
84 % d'habitants satisfaits	84 % d'habitants satisfaits

_____

_____

8. Transformez selon l'exemple avec « mieux » , « meilleur(s) », « meilleure(s) ».

✎ Exemple : Tu joues bien. → Tu joues mieux qu'avant.

1. Les repas sont bons. _____ qu'avant.

2. Elle chante bien. _____

3. Vous êtes de bonne humeur ! _____

4. Il s'habille bien. _____

5. Ils posent de bonnes questions. _____

9. Mettez à l'impératif (tu et vous) à la forme affirmative et négative.

1. Écouter _____

2. Se lever _____

3. Sortir _____

4. Dire _____

10. Reliez (plusieurs possibilités).

a. je trouve intéressant.

b. est très critiqué.

1. C'est un artiste   A. qui   c. amuse les enfants.

2. C'est un objet   B. que   d. nous n'avons pas chez nous.

e. est nécessaire dans une cuisine.

f. est connu dans le monde entier.

23. LE PASSÉ COMPOSÉ DES VERBES DU 1ᴱᴿ GROUPE

■ DÉPART EN VACANCES

 piste 45

Yann : Tu as pensé à payer la facture d'électricité ?

Rachel : Oui j'ai payé et j'ai envoyé la facture d'électricité.

Yann : Tu as laissé le double des clés à la gardienne ?

Rachel : Oui, elle a même proposé d'arroser les plantes et j'ai accepté.

Yann : Tu as fermé toutes les fenêtres ?

Rachel : Oui.

Yann : Rachel, tu penses à tout ! Tu es vraiment un ange !

Rachel : Zut ! J'ai oublié quelque chose !

Yann : Quoi ?

Rachel : Mon petit magnétophone pour enregistrer cette belle déclaration !

■ TICKET GAGNANT

 piste 46

Valérie et Amélie : On a gagné !

Yvan : Qu'est-ce que vous dites ?

Valérie : On a gagné ! Regarde ! On a gratté et on a gagné 2 000 euros, 1 000 euros chacune.

Yvan : Oh ! là là ! mais c'est vrai ! où est-ce que vous avez acheté ce ticket ?

Amélie : Au bureau de tabac évidemment. Tu ne vas jamais au bureau de tabac ?

Yvan : Non, j'ai arrêté de fumer.

Valérie : Pas nous !

Yvan : C'est immoral !

Amélie : Arrête ! Si tu es gentil, on t'invite au restaurant maintenant qu'on est riches.

1. Écoutez le premier dialogue et expliquez les trois choses que Rachel a faites avant de partir.

_____

_____

_____

2. Écoutez le deuxième dialogue et dites pourquoi les deux filles sont contentes.

_____

_____

_____

PENSER

J'ai pensé
Tu as pensé
Il / elle / on a pensé
Nous avons pensé
Vous avez pensé
Ils / elles ont pensé

PARLER

J'ai parlé
Tu as parlé
Il / elle / on a parlé
Nous avons parlé
Vous avez parlé
Ils / elles ont parlé

■ FORMATION DU PASSÉ COMPOSÉ

• Verbe AVOIR au présent + participe passé

Infinitif en « er » → participe passé en « é »

Regarder → regardé

Écouter → écouté

Étudier → étudié

Hier soir nous avons regardé la télévision en famille.

Tu as écouté les nouvelles à la radio ?

> Même prononciation : parler et parlé

• Forme interrogative : Est-ce que + sujet + verbe au passé composé

Mot interrogatif + sujet + verbe au passé composé

Est-ce que tu as participé à cette compétition ?

Où est-ce que vous avez déjeuné ?

■ UTILISATION DU PASSÉ COMPOSÉ

• Succession d'actions dans le passé

J'ai passé mon bac puis j'ai commencé à travailler.

Il a téléphoné à ses parents et a demandé de l'aide.

• Action avec une date, un moment précis ou une durée déterminée

L'année dernière ils ont acheté une maison.

Elle a habité un an en Égypte.

1. Relevez les verbes au passé composé dans les deux dialogues et notez l'infinitif de chaque verbe.

2. Cochez la bonne réponse.

	présent	passé composé
1. Nous cherchons nos clés.	❏	❏
2. Vous avez loué une voiture ?	❏	❏
3. J'ai réservé une place.	❏	❏
4. Il achète une maison	❏	❏

3. Complétez avec l'auxiliaire « avoir ».

1. Nous _____ travaillé tard.
2. Tu _____ cherché partout ?
3. Elle _____ oublié son sac.
4. Vous _____ déjà mangé ?

5. Ils _____ décidé de rester.
6. On _____ préparé le dîner.
7. J' _____ adoré cette histoire.
8. Elles _____ discuté des vacances.

4. Répondez aux questions.

1. Est-ce que tu as déjà déjeuné ? – Oui, j'_____
2. Est-ce vous avez payé ? – Oui, nous _____
3. Est-ce que vous avez expliqué le problème ? – Oui, on _____
4. Est-ce que tu as noté le numéro ? – Oui, j'_____
5. Est-ce que vous avez passé de bonnes vacances ? – Oui, nous_____

5. Mettez les phrases au passé composé.

1. Nous écoutons de la musique. _____
2. Il décide d'habiter à la campagne. _____
3. On chante tous ensemble. _____
4. Ils organisent une fête. _____
5. Tu poses beaucoup de questions. _____

6. Trouvez les questions.

1. _____ ? – Oui, j'ai déjà joué au tennis.
2. _____ ? – J'ai visité le Ghana et le Sénégal.
3. _____ ? – Oui, j'ai signé le contrat.
4. _____ ? – J'ai déjeuné à 13 heures.
5. _____ ? – Parce qu'il faut réserver ses billets.
6. _____ ? – J'ai mangé une spécialité de la région.

24. LE PASSÉ COMPOSÉ (AVEC AVOIR) DES VERBES DU 2ᴱ ET 3ᴱ GROUPE

▪ *0 À 3*

 piste **47**

David : C'est une catastrophe. On a perdu !

Jean : Qu'est-ce que tu as perdu ?

David : Je n'ai rien perdu. Je parle du match d'hier : notre équipe a perdu. On n'a pas marqué un seul but ! 0 à 3. Les autres ont été vraiment plus forts.

Jean : Je vois…

David : Le gardien n'a pas été bon… On a fait des erreurs, mais surtout on n'a pas eu de chance.

Jean : Bon, ça va. Tu as fini de dramatiser ? C'est seulement un match ! Ce n'est pas la fin du monde !

▪ *DÉPANNAGE*

 piste **48**

Le dépanneur : C'est votre machine à laver qui ne marche plus ?

La femme : Oui, hier j'ai mis mon linge dans la machine. Quand j'ai poussé le bouton elle a commencé à tourner plus lentement que d'habitude. Dix minutes plus tard, j'ai entendu un grand bruit, et puis le silence. J'ai vu de l'eau couler partout. J'ai eu peur. J'ai tout arrêté.

Le dépanneur : Vous avez bien fait… Vous avez le bon de garantie ?

La femme : Non, je n'ai pas retrouvé le bon de garantie. C'est grave ?

Le dépanneur : Non, ce n'est pas grave.

🔊 **1. Écoutez le premier dialogue et répondez aux questions avec des phrases complètes.**

1. L'équipe de football de David a gagné le match ?

2. Ils ont marqué un but ?

3. Le gardien a été bon ?

4. Qu'est-ce que les joueurs ont fait ?

5. C'est grave ?

🔊 **2. Écoutez le deuxième dialogue et notez tout ce que la dame a fait avec sa machine à laver. Pourquoi est-ce qu'elle a appelé le plombier ?**

_____

_____

_____

■ LES VERBES DU 2ᴱ GROUPE EN IR

Même structure que pour les verbes en « er » mais le participe passé est en « i »

FINIR

	Forme négative
J'ai fini	Je n'ai pas fini
Tu as fini	Tu n'as pas fini
Il/ elle / on a fini	Il / elle/ on n'a pas fini
Nous avons fini	Nous n'avons pas fini
Vous avez fini	Vous n'avez pas fini
Ils/ elles ont fini	Ils / elles n'ont pas fini

⚠ Choisir : j'ai choisi
Réussir : j'ai réussi
Réfléchir : j'ai réfléchi
Attention : Ouvrir : j'ai ouvert

■ LES VERBES AUXILIAIRES

AVOIR

	Forme négative
J'ai eu	Je n'ai pas eu
Tu as eu	Tu n'as pas eu
Il/ elle / on a eu	Il / elle / on n'a pas eu
Nous avons eu	Nous n'avons pas eu
Vous avez eu	Vous n'avez pas eu
Ils / elles ont eu	Ils / elles n'ont pas eu

⚠ Il y a → il y a eu

ÊTRE

	Forme négative
J'ai été	Je n'ai pas été
Tu as été	Tu n'as pas été
Il / elle a été	Il / elle n'a pas été
Nous avons été	Nous n'avons pas été
Vous avez été	Vous n'avez pas été
Ils / elles ont été	Ils / elles n'ont pas été

■ VERBES DU 3ᴱ GROUPE

⚠ comprendre → compris
apprendre → appris

• Les participes passés sont irréguliers.

Dire	J'ai dit	Je n'ai pas dit	Pouvoir	J'ai pu	Je n'ai pas pu
Faire	J'ai fait	Je n'ai pas fait	Devoir	J'ai dû	Je n'ai pas dû
Prendre	J'ai pris	Je n'ai pas pris	Voir	J'ai vu	Je n'ai pas vu
Entendre	J'ai entendu	Je n'ai pas entendu	Lire	J'ai lu	Je n'ai pas lu
Mettre	J'ai mis	Je n'ai pas mis	Vouloir	J'ai voulu	Je n'ai pas voulu

1. Relevez les passés composés des deux dialogues et donnez leur infinitif.

2. Complétez avec l'auxiliaire « avoir ».

1. Ils _____ dû déménager.

2. Vous n'_____ pas fait les courses ?

3. On _____ mis une petite annonce.

4. Vous _____ choisi ?

5. Ils _____ dormi quatre heures.

6. Tu n'_____ pas ouvert les fenêtres ?

3. Mettez dans l'ordre.

1. pas / Je / vu / n' / ce / ai / musée. _____

2. Elle / pu / travailler / pas / a / n' _____

3. ouvert / la / a / bouche / n' / Il / pas _____

4. ont / n'/ Ils / venir/ voulu / pas. _____

4. Répondez à la forme négative.

1. Tu as pu entrer ? – Non, je _____

2. Il a vu ce film ? – Non, il _____

3. Ils ont eu le temps de finir ? – Non, ils _____

4. Est-ce qu'il a fait beau ? – Non, il _____

5. Tu as ouvert la lettre ? – Non, je _____

5. Mettez au passé composé.

1. Je suis surpris et toi, tu n'es pas surpris ?

_____

2. Il y a une grève et ils ne peuvent pas partir.

_____

3. Vous faites des erreurs et on doit tout corriger !

_____

6. Complétez avec les verbes.

avoir – être – devoir – faire – être – pouvoir – chercher – lire – envoyer – réussir

Noémie _____ un accident en 2006. Elle _____ blessée aux jambes. Elle _____ quitter son travail. Elle _____ deux ans de rééducation. Elle _____ très courageuse. Après ces deux ans, elle _____ marcher de nouveau et elle _____ un nouveau travail. Un jour, elle _____ une annonce dans un journal. Elle _____ son CV et elle _____ à obtenir le poste. Bravo Noémie !

25. LE PASSÉ COMPOSÉ (AVEC ÊTRE)

■ *UNE CARRIÈRE ATYPIQUE*

 piste 49

L'employeur : Je vois une interruption dans votre carrière professionnelle entre 2005 et 2007…

Le candidat : Oui, je suis parti en Amérique du Sud. Je suis allé au Pérou, au Chili et en Bolivie où finalement je suis resté plus d'un an. Je suis devenu responsable d'une petite association humanitaire.

L'employeur : Hum… intéressant … quand vous êtes revenu en France, vous avez pu vous réadapter facilement ?

Le candidat : Oui, sans problème.

■ *MA GRAND-MÈRE RUSSE*

 piste 50

Alice : Tu es d'origine russe ?

Nadia : Oui, ma grand-mère est née en Russie Elle est venue en France au moment de la révolution. Elle est arrivée à Paris sans argent.

Alice : … et elle est tombée amoureuse de ton grand-père français.

Nadia : Exactement. Deux semaines après son arrivée ! Ils sont restés très peu de temps à Paris. Ils sont vite descendus dans le Midi. Ma mère est née à Nice.

Alice : Et ils ne sont jamais retournés en Russie ?

Nadia : Jamais. Ma grand-mère est devenue une vraie niçoise, excepté pour son accent ! Elle est morte chez elle à Nice en 1990.

1. Écoutez le premier dialogue et répondez aux questions.

1. Qui parle ?
2. Quelle est la profession du candidat ?
3. Où est-ce qu'il a travaillé ?
4. Est-ce qu'il s'est adapté facilement à son retour ?

2. Écoutez le deuxième dialogue et dites si c'est vrai ou faux.

1. La mère de Nadia est russe.
2. Sa grand-mère est née en Russie.
3. Elle a immigré en France.
4. Elle a rencontré son mari à Nice.
5. Elle n'a pas habité à Paris.
6. Elle est morte à Nice.

ALLER

	Forme négative
Je suis allé(e)	*Je ne suis pas allé(e)*
Tu es allé(e)	*Tu n'es pas allé(e)*
Il / elle / on est allé(e)(s)	*Il / elle / on n'est pas allé(e)(s)*
Nous sommes allé(e)s	*Nous ne sommes pas allé(e)s*
Vous êtes allé(e)(s)	*Vous n'êtes pas allé(e)(s)*
Ils / elles sont allé(e)(s)	*Ils / elles ne sont pas allé(e)(s)*

• **Orthographe**

Le participe passé s'accorde avec le sujet.

Sujet masculin pluriel → participe passé + s

Sujet féminin → participe passé + e

Sujet féminin pluriel → participe passé + es

Les étudiants sont sortis de la salle.

Ma sœur est allée chez le docteur.

Mes amies sont arrivées ce matin.

• **Autres verbes construits avec « être »**

Venir	Je suis venu(e)	**Partir**	Je suis parti(e)
Arriver	Je suis arrivé(e)	**Retourner**	Je suis retourné(e)
Entrer	Je suis entré(e)	**Sortir**	Je suis sorti(e)
Rentrer	Je suis rentré(e)	**Passer**	Je suis passé(e)
Monter	Je suis monté(e)	**Descendre**	Je suis descendu(e)
Naître	Je suis né(e)	**Mourir**	Je suis mort(e)
Rester	Je suis resté(e)	**Tomber**	Je suis tombé(e)

■ « Revenir » et « repartir » se conjuguent comme « venir » et « partir ».

■ « Passer » est construit avec le verbe « être » ou le verbe « avoir » :

Je suis passé devant ta maison. (mouvement)

J'ai passé trois ans en Angleterre. (temps)

J'ai passé le sel à mon voisin de table. (= donner)

1. Relevez les passés composés dans les deux dialogues et donnez leur infinitif.

2. Quel verbe du premier dialogue n'est pas construit avec « être » ?

3. Complétez avec l'auxiliaire « être » et accordez le participe passé si nécessaire (plusieurs possibilités).

1. Le taxi _____ arrivé_____.

2. Mes amis _____ parti_____ hier.

3. Nadia _____ descendu_____ à la cave.

4. Mes cousines _____ venu_____ chez moi.

5. Nous _____ resté_____ à la maison.

6. On _____ retourné_____ chez moi.

7. Ils _____ mort_____ le même jour.

8. Vous _____ passé_____ par l'autoroute ?

4. Soulignez les verbes qui ont un participe passé en « u ».

naître – être – partir – descendre – prendre – mourir – mettre – avoir – venir – sortir – voir

5. Dites le contraire en utilisant des verbes de sens opposé.

1. Je suis monté. _____

2. Il est arrivé. _____

3. Elle est née. _____

4. Elles sont restées. _____

5. Nous sommes sortis. _____

6. Répondez aux questions.

1. Est-ce que tu es monté au sommet du mont Blanc ?   – Non, _____

2. Est-ce que Claude est venu ?   – Non, il _____

3. Est-ce que vous êtes rentrés très tard chez vous ?   – Oui, nous _____

4. Est-ce que tu es retourné dans ce magasin ?   – Oui, je _____

5. Est-ce que son grand-père est mort ?   – Non, il _____

7. Complétez au passé composé avec les verbes suivants.

arriver – tomber – retourner – tomber – rester – ne pas sortir

L'automne _____ . Les feuilles _____ .

Les enfants _____ à l'école. Je _____ malade.

Je _____ à la maison. Je _____ .

8. Répondez librement aux questions.

1. Où est-ce que vous êtes né(e) ? _____

2. Est-ce que vous êtes déjà allé(e) au Japon ? _____

3. Est-ce que vous êtes déjà parti(e) seul(e) à l'étranger ? _____

4. Est-ce que vous êtes resté(e) chez vous le week-end dernier ? _____

26. LE PASSÉ COMPOSÉ DES VERBES PRONOMINAUX

■ STRESS

 piste **51**

Séverine : Allô ? Chantal ?

Chantal : Oui.

Séverine : Ça va ? Tu as une drôle de voix.

Chantal : J'ai eu une journée horrible : mon réveil n'a pas sonné, je me suis réveillée en retard. Je me suis habillée à toute vitesse. Je ne me suis même pas douchée. Arrivée enfin au bureau, je me suis mise à pleurer et à trembler. Mes collègues se sont inquiétés. Je n'ai pas pu travailler, j'ai dû rentrer chez moi. Je me suis couchée. Maintenant que je me suis un peu reposée, ça va mieux.

Séverine : C'est le stress. Tu as besoin de vacances.

Chantal : Oui, je crois.

■ LE COUP DE FOUDRE

 piste **52**

Le fils : Où est-ce que vous vous êtes rencontrés, maman et toi ?

Le père : On s'est rencontré à un cours de philosophie à l'université. Je me suis assis à côté d'elle par hasard. On ne s'est pas parlé mais on s'est observé discrètement. Une semaine plus tard on s'est revu au même cours. Là on s'est parlé et on s'est échangé notre numéro de téléphone. Après on s'est téléphoné, on s'est donné rendez-vous…

Le fils : Et quand est-ce que vous vous êtes mariés ?

Le père : On s'est marié quatre mois après.

Le fils : C'est rapide !

Le père : C'est ça le coup de foudre !

1. Écoutez le premier dialogue et soulignez les verbes pronominaux.

1. Mon réveil n'a pas sonné.   2. Je me suis réveillée en retard.   3. J'ai eu une journée horrible.

4. Je me suis habillée.   5. Je me suis mise à trembler.   6. Je n'ai pas pu travailler.

2. Écoutez le deuxième dialogue et dites si c'est vrai ou faux.

1. Ses parents se sont rencontrés à un cours d'histoire.   2. Ils se sont observés.

3. Puis ils se sont revus au même cours.   4. Ils se sont échangé leur adresse mail.

5. Ils se sont mariés quatre mois après.

SE RÉVEILLER

Je me suis réveillé(e)
Tu t'es réveillé(e)
Il / elle / on s'est réveillé(e)(s)
Nous nous sommes réveillé(e)s
Vous vous êtes réveillé(e)(s)
Ils / elles se sont réveillé(e)s

Forme négative
Je ne me suis pas réveillé(e)
Tu ne t'es pas réveillé(e)
Il / elle / on ne s'est pas réveillé(e)(s)
Nous ne nous sommes pas réveillé(e)s
Vous ne vous êtes pas réveillé(e)(s)
Ils / elles se sont réveillé(e)s

Se lever	→ Je me suis levé(e)
Se préparer	→ Je me suis préparé(e)
Se doucher	→ Je me suis douché(e)
S'habiller	→ Je me suis habillé(e)
Se dépêcher	→ Je me suis dépêché(e)
Se promener	→ Je me suis promené(e)

On accorde le participe passé avec le sujet, excepté si le verbe est à construction indirecte (verbe + à).
Ils se sont rencontrés.
Elles se sont regardées.
Ils se sont parlé. (parler à)
Elles se sont téléphoné. (téléphoner à)

• AUTRES VERBES

Se sentir	→ Je me suis senti(e)
S'endormir	→ Je me suis endormi(e)
Se perdre	→ Je me suis perdu(e)
S'asseoir	→ Je me suis assis(e)
Se voir	→ Nous nous sommes vus

1. Relevez les verbes pronominaux du premier dialogue.

2. Relevez les verbes pronominaux du deuxième dialogue et changez « vous » et « on » en « ils ».

3. Complétez avec l'auxiliaire « être ».

1. Je me _____ baigné.

2. Ils se _____ douchés.

3. Nous nous _____ parlé.

4. Vous vous _____ préparés.

5. Elle ne s'_____ pas réveillée.

6. Nous ne nous _____ pas vus.

7. Tu ne t'_____ pas inquiété ?

8. Je ne me _____ pas endormi.

4. Répondez.

1. Est-ce qu'elle s'est amusée à cette soirée ? — Non, _____

2. Est-ce que Victor et José se sont téléphoné ? — Non, _____

3. Est-ce que vous vous êtes reposés ? — Non, nous _____

4. Est-ce que tu t'es promené dans ce parc ? — Non, je _____

5. Est-ce qu'il s'est couché tard ? — Non, il _____

5. Mettez au passé composé.

1. Je me pose des questions. _____

2. Ils se reposent à la campagne. _____

3. Vous vous installez dans votre studio. _____

4. Nous nous levons tôt. _____

5. Tu te réveilles à quelle heure ? _____

6. Racontez une journée de Pierre Cossard.

se lever – s'habiller – se dépêcher – s'installer à son bureau – s'endormir – se réveiller

_____

_____

_____

7. Répondez librement aux questions.

1. Est-ce que vous vous êtes déjà levé(e) à 5 heures du matin ? _____

2. Est-ce que vous vous êtes déjà endormi(e) au cinéma ? _____

3. Est-ce vous vous êtes déjà perdu(e) dans une forêt ? _____

4. Est-ce que vous vous êtes déjà trompé(e) de train ? _____

5. Est-ce que vous vous êtes déjà baigné(e) dans un lac ? _____

6. Est-ce que vous vous êtes déjà senti(e) ridicule ? _____

1. Mettez au passé composé (avec le verbe « avoir »).

1. J'écoute la radio. _____

2. Nous déjeunons chez moi. _____

3. Ils travaillent ensemble. _____

4. Vous payez ? _____

5. Tu aimes le spectacle ? _____

6. Il charme le public. _____

2. Donnez l'infinitif des verbes au passé composé. Dites si on utilise le verbe « être » ou « avoir » pour former le passé composé de ces verbes.

1. Nous avons regardé la télévision. _____ être   avoir

2. Ils ont pris l'avion. _____ être   avoir

3. Elle est rentrée tard chez elle. _____ être   avoir

4. Ils sont venus dîner à la maison. _____ être   avoir

5. On s'est rencontrés par hasard. _____ être   avoir

6. Ils ont perdu la tête. _____ être   avoir

7. Tu es allé chez le médecin ? _____ être   avoir

3. Complétez avec « être » ou « avoir ».

1. On _____ oublié d'appeler Claire. Elle _____ partie maintenant.

2. Tu _____ téléphoné à ton père ? Qu'est-ce qu'il _____ dit ?

3. Je _____ entrée dans le restaurant et je n'_____ vu personne.

4. Ils _____ signé le contrat et ils _____ commencé la construction de l'aéroport.

5. Vous _____ déjà allés là-bas ? Vous vous _____ promenés dans le parc ?

6. Nous _____ marché 20 minutes et nous _____ arrivés à la gare.

7. Elle _____ lu cette nouvelle dans le journal et elle _____ été surprise.

4. Soulignez les verbes au passé composé, puis classez les verbes selon leur participe passé.

Un matin, il est parti de chez lui, sans explication. Il a pris sa voiture et a traversé toute l'Espagne en deux jours. Il s'est arrêté une seule fois dans un petit village où il a cherché une chambre chez l'habitant. Les villageois l'ont regardé d'un air suspect. Personne n'a voulu le loger. Il a dû faire encore 50 km pour arriver à la ville la plus proche. Il a choisi le meilleur hôtel. Il n'a pas pu s'endormir avant 4 heures du matin. Quand il est sorti de l'hôtel, il a eu une crise cardiaque. Un médecin est venu immédiatement et a dit que c'était grave. Heureusement il n'est pas mort : on l'a bien soigné à l'hôpital et il est rentré en France un mois plus tard.

participe en « é »	participe en « i »	participe en « is »	participe en « u »	autres

5. Mettez à la forme négative.

1. Ils ont entendu le réveil. _____

2. Elle a fini son travail. _____

3. Nous avons fait notre lit. _____

4. J'ai pu avoir mon rendez-vous. _____

5. Tu as vu ce film ? _____

6. Reliez.

1. Elle s'est levée   a. dans cette ville.

2. Les employés ont protesté   b. pourquoi ils n'ont pas répondu.

3. Tu es retourné   c. dans la maison où tu as grandi ?

4. Ils ont vu   d. quand elle a entendu son nom.

5. Je me suis demandé   e. le film qu'on a tourné dans leur quartier.

6. On a eu   f. quand leur entreprise a fermé.

7. Vous n'êtes jamais revenu   g. très peur quand on a lu cet article.

7. Complétez les verbes au passé composé.

1. Avoir : Nous avons _____ de la chance.   6. Voir : On a _____ le match.

2. Être : Elle a _____ formidable.   7. Pouvoir : Tu as _____ finir à temps ?

3. Faire : Ils ont _____ du bon travail.   8. Lire : Vous avez _____ ce roman ?

4. Apprendre : J'ai _____ la nouvelle.   9. Réfléchir : Nous avons bien _____ .

5. Vouloir : On a _____ s'excuser.   10. Venir : Il est _____ chez nous.

8. Mettez au passé composé.

Hier, j'_____ (donner) rendez-vous à un ami au Ritz. On _____ (prendre) le petit déjeuner ensemble puis on _____ (aller) au cinéma à la séance du matin. On _____ (voir) une comédie assez amusante. On _____ (sortir) du cinéma vers 13 heures. On _____ (entrer) dans un magasin pour acheter des CD. On _____ (ne pas déjeuner), on _____ (repartir) chez un autre ami chez qui on _____ (finir) la soirée.

9. Dites le contraire.

1. Nous avons tout compris. _____ (rien)

2. Je suis toujours allé voter. _____ (jamais)

3. Il a déjà publié son livre ? _____ (pas encore)

5. Vous êtes encore allés là-bas ? _____ (plus)

6. Quelqu'un est venu ? _____ (personne)

10. Accordez les verbes si nécessaire.

1. Nous avons vu_____ votre exposition et nous avons adoré_____ vos tableaux.

2. Elle est passé_____ ce matin et elle a laissé_____ un message pour toi.

3. Elles sont arrivé_____ ensemble mais elles ont payé_____ séparément.

4. Ils se sont promené_____ et ont acheté_____ des livres et des CD.

5. Elle est allé_____ dans la bonne rue mais elle s'est trompé_____ de magasin.

11. Lisez le CV du docteur Henri Labat et reformulez-le avec les verbes au passé composé.

1931 naissance à Cannes.   1979 départ en Asie

1949 baccalauréat scientifique   2009 retour en France

1951 entrée à l'École de médecine   2010 mort à Toulouse

1959 ouverture du cabinet médical

Henri Labat est né _____

_____

_____

12. Complétez avec les pronoms appropriés.

1. Elle _____ est trompée de direction et elle _____ est perdue.

2. Nous _____ sommes quittés mais nous _____ sommes retrouvés après.

3. Tu ne _____ es pas occupé des réservations ? Non, mais je _____ suis renseigné.

4. Ils _____ sont moqués de tout le monde et je _____ suis énervé.

5. On _____ est regardé et on _____ est souri.

13. Transformez au passé composé comme dans l'exemple.

🖉 *Exemple : Tu t'intéresses à la biologie ? →* – *Mais je me suis toujours intéressée à la biologie.*

1. Vous vous réunissez une fois par an ?   – Mais nous _____

2. Tu te lèves à 6 heures du matin ?   – Mais je _____

3. Tu t'occupes du secrétariat ?   – Mais je _____

4. Vous vous appelez par votre prénom ?   – Mais nous _____

5. Ils se moquent des hommes politiques ?   – Mais ils _____

14. Trouvez les questions.

1. – Oui, nous nous sommes promenés dans la ville. _____

2. – Non, nous n'avons pas eu de problème. _____

3. – Oui, nous nous sommes rencontrés chez Louise. _____

4. – Non, je ne me suis pas beaucoup reposée. _____

5. – Oui, il a été très gentil. _____

27. LES PRONOMS PERSONNELS
(ME, TE, NOUS, VOUS)

■ *IDÉES NOIRES*

 piste 53

> **La femme :** Pourquoi est-ce que tu ne me parles plus ?
> **Le mari :** Mais je te parle !
> **La femme :** Non, tu ne me dis rien. Tu rentres du travail tu dînes et tu regardes la télévision. Tu ne me regardes plus.
> **Le mari :** Mais si, je te regarde. Qu'est-ce que tu as ?
> **La femme :** Je n'ai pas le moral, je vois tout en noir, les enfants me fatiguent.
> **Le mari :** Je comprends. Excuse-moi. Ces derniers temps je suis trop pris par mon travail mais tu sais bien que je t'aime. Tu veux sortir ce soir ? Aller au cinéma ou au restaurant ?
> **La femme :** Au cinéma. J'ai besoin de me changer les idées.
> **Le mari :** Très bien ! Regarde le programme et choisis !

■ *À UN VERNISSAGE*

 piste 54

> **Augustine :** Solange je vous présente Henri, notre cher artiste.
> **Solange :** Bonsoir !… mais je crois que je vous connais.
> **Henri :** Oui, je vous ai vue à la galerie Flak à l'exposition d'Hugo Max. Nous avons un peu parlé des sculptures d'Hugo.
> **Solange :** Ah ! oui ! je me rappelle maintenant.
> **Augustine :** Vous avez vu les sculptures d'Hugo Max ?
> **Henri :** Oui, il m'a invité… pardon, il nous a invités au vernissage.
> **Solange :** Quel artiste ! Ses sculptures sont fascinantes… tout comme vos peintures qui me touchent beaucoup.
> **Augustine :** Mais pourquoi est-ce qu'il ne m'a pas invitée, moi ?

1. Écoutez le premier dialogue et répondez aux questions.

1. Pourquoi est-ce que la femme n'est pas contente ? 2. Qu'est-ce que le mari fait le soir ?

3. Est-ce que le couple a des enfants ? 4. Qu'est-ce que la femme veut faire ?

2. Écoutez le deuxième dialogue et répondez aux questions.

1. Combien de personnes parlent ? 2. Où sont ces personnes ?

3. Qui est Hugo Max ? 4. Pourquoi est-ce qu'Augustine n'est pas contente ?

■ *LES PRONOMS PERSONNELS*

Les pronoms personnels *me, te, nous, vous* s'utilisent avec les verbes suivis de « à » (*parler à, dire à, donner à…*) ou non suivis de « à » (*regarder, écouter, inviter…*).

 me → m', te → t' devant une voyelle a, e, i, o, u, y et h

• AU PRÉSENT
Verbes à construction directe

Il	me	regarde	Il	ne	me	regarde pas
Je	t'	écoute	Je	ne	t'	écoute pas
Tu	nous	invites	Tu	ne	nous	invites pas
Elle	vous	comprend	Elle	ne	vous	comprend pas

Verbes à construction indirecte

Tu	me	dis	Tu	ne	me	dis pas
Ils	te	proposent	Ils	ne	te	proposent pas
On	nous	donne	On	ne	nous	donne pas
Je	vous	téléphone	Je	ne	vous	téléphone pas

• AU PASSÉ COMPOSÉ
Verbes à construction directe

Il	m'	a	regardé(e)	Il	ne	m'	a	pas	regardé(e)
Je	t'	ai	écouté(e)	Je	ne	t'	ai	pas	écouté(e)
Tu	nous	as	invité(e)s	Tu	ne	nous	as	pas	invité(e)s
Elle	vous	a	compris(es)	Elle	ne	vous	a	pas	compris(es)

Verbes à construction indirecte (avec « à »)

Tu	m'	as	dit	Tu	ne	m'	as	pas	dit
Ils	t'	ont	proposé	Ils	ne	t'	ont	pas	proposé
On	nous	a	donné	On	ne	nous	a	pas	donné
Je	vous	ai	téléphoné	Je	ne	vous	ai	pas	téléphoné

• À L'IMPÉRATIF
À l'impératif positif, les pronoms se placent après le verbe et « me » devient « moi ».

*Vous **me** regardez ?* → *Regardez-**moi** !* → *Ne **me** regardez pas !*

*Vous **nous** écoutez ?* → *Écoutez-**nous** !* → *Ne **nous** écoutez pas !*

1. Relevez les pronoms personnels dans les dialogues.

2. Relevez les deux verbes pronominaux.

3. Complétez en faisant l'élision si nécessaire (me → m', te → t').
1. Je _____ explique. *(te)*   5. Elle _____ aime. *(te)*
2. Il _____ a dit « non ». *(me)*   6. On _____ a contacté. *(me)*
3. Vous _____ demandez pourquoi. *(me)*   7. Je _____ attends. *(te)*
4. Elle _____ téléphone souvent. *(te)*   8. Ils _____ connaissent bien. *(me)*

4. Mettez au passé composé.
1. Il te dit la vérité.   _____
2. Elle nous invite chez elle.   _____
3. Ils me parlent.   _____
4. Nous vous expliquons la situation.   _____
5. On t'envoie une copie.   _____

5. Répondez à la forme affirmative et négative.
1. Vous me comprenez ?   – Oui, _____   – Non, _____
2. Il t'a aidé ?   – Oui, _____   – Non, _____
3. Tu m'as téléphoné hier ? – Oui, _____   – Non, _____
4. On nous a critiqués ?   – Oui, _____   – Non, _____
5. Il t'attend ?   – Oui, _____   – Non, _____
6. Elle t'a dit la nouvelle ? – Oui, _____   – Non, _____

6. Mettez à l'impératif comme dans l'exemple.
🖉 *Exemple : Tu m'écoutes ? → Écoute-moi !*
1. Tu m'attends ? _____   3. Tu nous téléphones ? _____
2. Vous m'écoutez ? _____   4. Vous me répondez ? _____

7. Quelles sont vos relations avec votre meilleur(e) ami(e) ? Expliquez en utilisant les verbes suivants.
téléphoner – parler – inviter – donner – aider – comprendre
Il / Elle me téléphone très souvent _____
_____
_____

28. LES PRONOMS PERSONNELS DIRECTS – QUEL(S)... ! QUELLE(S)... !

■ QUELLE VUE !

 piste 55

Élodie : Et voilà mon balcon avec vue sur tout Paris !

Brigitte : Quel panorama ! C'est superbe !

Élodie : Tu vois la tour Eiffel à gauche ?

Brigitte : Bien sûr je la vois.

Élodie : Et le Sacré-Cœur* ?

Brigitte : On le voit très bien. Quelle chance d'avoir cet appartement !

Élodie : C'est vrai ! Je l'adore ! Je l'ai acheté en 2008 et je ne peux pas m'imaginer vivre ailleurs.

* La basilique du Sacré-Cœur est un monument historique parisien.

■ ELLE L'A !

 piste 56

* Chanson des années 1980.

L'homme *(chantant)* : Ella elle l'a.. hou… hou… hou… hou…, cette drôle de voix…, cette drôle de joie, Ella , elle l'a…

La femme : Qu'est-ce que ça veut dire « Ella elle l'a » ?

L'homme : C'est une chanson* en l'honneur de la chanteuse américaine Ella Fitzgerald. On parle de son talent, de sa voix unique. Tu comprends, ce talent, cette voix, elle l'a… Ella.

La femme : Plus le temps de chanter, on doit partir. Tu as pris ton passeport ?

L'homme : Oui, je l'ai pris.

La femme : Et les billets d'avion ?

L'homme : Je ne les ai pas. L'agence de voyage les donne à l'aéroport.

L'homme : Et toi, ton passeport, tu l'as ?

La femme : Ben, oui, je l'ai.

L'homme *(chantant)* : Elle l'a , elle l'a… son p'tit passeport, elle l'a , elle l'a, hou hou, hou hou.

1. Écoutez le premier dialogue et répondez aux questions par des phrases complètes.

1. Où est l'appartement d'Elodie ?   2. Est-ce qu'elle voit la Tour Eiffel de chez elle ?

3. Est-ce qu'elle voit le Sacré-Cœur ?   4. Quand est-ce qu'elle a acheté son appartement ?

2. Écoutez le deuxième dialogue et répondez aux questions avec des phrases complètes.

1. Que va faire ce couple ?   2. Que fait l'homme ?

3. Est-ce qu'il a son passeport ?   4. Est-ce qu'elle a les billets d'avion ?

• **QUEL(S)** + (adjectif) + nom !
QUELLE(S)

Pour exprimer une émotion :

Quelle bonne surprise ! Quel scandale !
Quels malheurs ! Quelles bêtises !

▪ *LES PRONOMS PERSONNELS DIRECTS*

• **Si le verbe est à construction directe (si le verbe n'est pas suivi de « à »), les pronoms personnels « le », « la », « les » remplacent une personne ou une chose.**

nom masculin → **le**
nom féminin → **la**
nom pluriel → **les**

 « le » et « la » → l' devant une voyelle a, e, i, o, u, y et h.

*Tu écoutes **la radio** ? Oui, je **l'**écoute* (= j'écoute la radio).

• **AU PRÉSENT**

Tu prends **ce livre** ?	– Oui, je **le** prends.	– Non, je ne **le** prends pas.
Il regarde **la télévision** ?	– Oui, il **la** regarde.	– Non, il ne **la** regarde pas.
Tu vois **les gens** là-bas ?	– Oui, je **les** vois.	– Non, je ne **les** vois pas.
Vous admirez **cet artiste** ?	– Oui, je **l'**admire.	– Non, je ne **l'**admire pas.
Vous connaissez **votre voisine** ?	– Oui, je **la** connais.	– Non, je ne **la** connais pas.
Tu invites **tes amis** ce week-end ?	– Oui, je **les** invite.	– Non, je ne **les** invite pas.

• **AU PASSÉ COMPOSÉ**

Tu as pris **ton parapluie** ?	– Oui, je **l'**ai pris.	– Non, je ne **l'**ai pas pris.
Vous avez regardé **mes photos** ?	– Oui, on **les** a regardées.	– Non, on ne **les** a pas regardées.
Tu as invité **ton frère ?**	– Oui, je **l'**ai invité.	– Non, je ne **l'**ai pas invité.
Vous avez vu **mes enfants** ?	– Oui, je **les** ai vus.	– Non, je ne **les** ai pas vus.

> Vous avez le permis de conduire ?   – Oui, je l'ai.
> Vous avez les papiers ?   – Oui, je les‿ai. [z]

Avec le verbe « aimer » :

Je l'aime → « l' » est seulement une personne et on parle d'amour.

Je l'aime bien → « l' » est une personne et on parle d'amitié ou c'est une chose.

J'aime bien ça → « ça » est une chose.

• **À L'IMPÉRATIF**

À l'impératif positif, les pronoms se placent après le verbe.

Prends ce sac !	→ Prends-**le** !	→ Ne **le** prends pas !
Achète cette robe !	→ Achète-**la** !	→ Ne **l'**achète pas !
Regardez ces photos !	→ regardez-**les** !	→ Ne **les** regardez pas !

1. Relevez les pronoms et trouvez les mots qu'ils remplacent.

2. Reliez.

1. Ce livre,	a. tu les manges ?
2. Ces gâteaux,	b. tu la prends ?
3. Cette valise,	c. tu le lis ?
4. Cette actrice,	d. tu la connais ?

3. Pour chaque phrase trouvez les mots qui sont remplacés par des pronoms.

la lune – les yeux – le sucre – les fleurs – le pain

1. On les ouvre le matin, on <u>les</u> ferme le soir.

_____

2. On <u>l'</u>achète dans une boulangerie.

_____

3. On <u>les</u> achète chez le fleuriste.

_____

4. On <u>la</u> voit le soir dans le ciel.

_____

5. On <u>le</u> met dans le café ou dans le thé.

_____

4. Répondez en utilisant le pronom approprié.

1. Vous faites vos courses dans un supermarché ?   – Oui, _____

2. Vous avez son numéro de portable ?   – Non, _____

3. Vous avez vu votre docteur aujourd'hui ?   – Non, _____

4. Vous avez compris les exercices ?   – Oui, _____

5. Complétez le dialogue avec des pronoms.

– Tu vois Martin en ce moment ?

– Oui je _____ vois souvent. Je _____ appelle presque tous les week-ends. Je _____ ai souvent invité à la maison. Je _____ aime bien.

– Tu connais ses enfants ?

– Bien sûr, je _____ connais. Il _____ emmène souvent avec lui.

– Et sa femme ?

– Eh bien ! je ne _____ ai jamais vue. Je ne _____ connais pas !

– Il _____ cache ! C'est bizarre, non ?

6. Répondez librement aux questions.

1. Est-ce que vous consultez souvent le dictionnaire ? _____

2. Est-ce que vous avez déjà pris l'avion ? _____

3. Est-ce que vous avez toujours fait vos exercices régulièrement ? _____

4. Est ce que vous écoutez souvent le CD du livre ? _____

29. LES PRONOMS PERSONNELS INDIRECTS

■ *JARDIN SECRET*

 piste **57**

Louise : Tu es proche de tes parents ?

Lola : Très proche. Je leur téléphone au moins deux fois par semaine. Je leur demande conseil pour toutes les grandes décisions de ma vie. Ils m'écoutent, ils me comprennent. ça m'aide beaucoup.

Louise : Tu leur parles aussi de tes petits copains ?

Lola : Je ne leur parle pas beaucoup de ma vie amoureuse. Je leur présente mes amis bien sûr, mais je ne leur dis pas tout.

Louise : Tu as raison. Il faut garder son jardin secret.

■ *RÉCONCILIATION*

 piste **58**

Max : Tu t'es réconcilié avec Joëlle ?

Frédéric : Oui, je lui ai téléphoné et je lui ai demandé de m'excuser pour l'autre jour : je me suis énervé et je lui ai dit des choses qui ne sont pas vraies.

Max : Comment est-ce qu'elle a réagi ?

Frédéric : Elle m'a fait la morale, comme d'habitude.

Max : Tu lui as annoncé la mauvaise nouvelle ?

Frédéric : Non, je ne lui ai pas dit.

Max : Pourquoi tu ne lui as pas dit ?

Frédéric : Parce que… Dis-lui toi-même !

1. Écoutez le premier dialogue et dites si c'est vrai ou faux.

1. Louise téléphone tous les jours à ses parents.

2. Elle leur demande conseil.

3. Ils l'écoutent.

4. Ils l'aident.

5. Elle leur parle de ses petits amis.

6. Elle leur dit tout.

2. Écoutez le deuxième dialogue et dites si c'est vrai ou faux.

1. Frédéric n'a pas été gentil avec Joëlle.

2. Il lui a dit des choses qui ne sont pas vraies.

3. Il lui a écrit pour s'excuser.

4. Elle lui a répondu.

5. Il lui a annoncé une mauvaise nouvelle.

■ *LES PRONOMS PERSONNELS INDIRECTS*

• **Les pronoms personnels « lui » et « leur » s'utilisent avec les verbes suivis de « à ».**

Ce sont en général :

– des verbes de communication : *parler à, demander à, répondre à, écrire à, téléphoner à,* etc.

– des verbes d'échange : *donner à, offrir à, envoyer à,* etc.

« Lui » représente un homme ou une femme.

« Leur » représente des hommes ou des femmes.

⚠ Attention les verbes « appeler » et « remercier » sont à construction directe.

   Je le remercie. Nous l'appelons.

• **AU PRÉSENT**

Tu parles **à ta mère.**	– Oui, je **lui** parle.	– Non, je ne **lui** parle pas.
Elle téléphone **à son père** ?	– Oui, elle **lui** téléphone.	– Non, elle ne **lui** téléphone pas.
Vous dites vos secrets **à vos parents** ?	– Oui, je **leur** dis.	– Non, je ne **leur** dis pas.

• **AU PASSÉ COMPOSÉ**

Tu	**lui**	as	dit ?		Tu	ne	**lui**	as	pas	dit ?
On	**leur**	a	donné		On	ne	**leur**	a	pas	donné
Vous	**lui**	avez	téléphoné ?		Vous	ne	**lui**	avez	pas	téléphoné ?
Ils	**leur**	ont	parlé		Ils	ne	**leur**	ont	pas	parlé

• **À L'IMPÉRATIF**

À l'impératif positif, les pronoms se placent après le verbe.

| Tu **lui** dis ? | → Dis-**lui** ! | → Ne **lui** dis pas ! |
| Vous **leur** donnez ? | → Donnez-**leur** ! | → Ne **leur** donnez pas ! |

« Leur », pronom, n'a jamais de « s ».
Ne confondez pas avec le possessif (leurs amis).

1. Soulignez les pronoms personnels dans les deux dialogues.

2. Relevez les verbes qui vont avec ces pronoms. Quels sont les verbes construits avec « à » ?

3. Complétez avec « lui » ou « leur ».

1. Je _____ dis bonjour. *(à mes collègues)*

2. Il _____ parle de ses problèmes. *(à son professeur)*

3. Nous _____ offrons des cadeaux. *(aux enfants)*

4. Vous _____ écrivez souvent ? *(à votre cousine)*

4. Mettez au passé composé.

1. Tu lui réponds ? _____

2. Elle lui parle ? _____

3. Vous leur écrivez ? _____

4. Ils lui téléphonent ? _____

5. Répondez.

1. Tu lui téléphones souvent ?   – Non, je _____

2. Il leur explique ses problèmes ?   – Non, il _____

3. Ils lui proposent un travail ?   – Non, ils _____

4. Ça leur plaît ?   – Non, ça _____

5. Elle a parlé à son ami ?   – Non, elle _____

6. Vous avez écrit à ce client ?   – Oui, je _____

7. Ce cadeau a fait plaisir à tes amis ?   – Oui, ça _____

6. Mettez à l'impératif selon l'exemple.

✎ *Exemple : Tu lui as parlé ? → Non ? Alors parle-lui !*

1. Tu lui as dit la vérité Non ? Alors _____

2. Vous leur avez demandé pourquoi ? _____

3. Tu lui as donné ton numéro de téléphone ? _____

7. Répondez librement. Vous pouvez utiliser les verbes proposés.

retéléphoner – donner – répondre – dire – expliquer

Que faites-vous :

1. si une personne, que vous appelez, est absente ? _____

2. si un policier vous demande vos papiers ? _____

3. si quelqu'un vous pose des questions indiscrètes ? _____

4. si des touristes vous demandent leur chemin ? _____

30. EN ET Y – PLACE DES PRONOMS AVEC DEUX VERBES

■ MESSAGE TÉLÉPHONIQUE

 piste **59**

> L'homme : Allô, bonjour madame.
>
> La secrétaire : Bonjour monsieur.
>
> L'homme : Monsieur Petit à l'appareil. Je voudrais parler à madame Laforge s'il vous plaît.
>
> La secrétaire : Madame Laforge est en réunion. Vous voulez lui laisser un message ?
>
> L'homme : Oui, vous pouvez lui demander de me rappeler et lui dire qu'elle doit m'envoyer sa facture. J'en ai besoin, c'est urgent.
>
> La secrétaire : Entendu. Je vais lui transmettre votre message.
>
> L'homme : Merci beaucoup.

■ ENCORE UN PEU DE GÂTEAU ?

 piste **60**

> La dame âgée : Vous revenez de Thaïlande ? C'est intéressant ! Je n'y suis jamais allée. On dit que c'est très beau.
>
> La jeune femme : Oui, nous avons beaucoup aimé ce pays et nous voulons y retourner…
>
> La dame âgée : Encore un peu de gâteau ?
>
> La jeune femme : Non, merci j'en ai pris deux fois. C'est délicieux, mais je fais un régime. Je ne dois pas en manger trop.
>
> La dame âgée : Et vous Nicolas, vous ne faites pas de régime… vous en voulez un petit peu ?
>
> L'homme : Oui, j'en veux bien, juste par gourmandise.

1. Écoutez le premier dialogue et répondez aux questions.

1. Comment s'appelle le monsieur qui téléphone ?
2. Á qui est-ce qu'il veut parler ?
3. Est-ce que madame Laforge est là ?
4. Est-ce qu'il laisse un message ?
5. Est-ce qu'il a besoin de quelque chose ?

2. Écoutez le deuxième dialogue et répondez aux questions.

1. Combien de personnes parlent ?
2. Qui sont ces personnes ?
3. Quel pays est-ce que ce couple a visité ?
4. Est-ce qu'ils ont aimé ce pays ?
5. Qu'est-ce que la dame leur offre ?
6. Est-ce qu'ils en mangent ?

■ *LE PRONOM EN*

- **Il remplace un nom commun précédé de « un », « une », « des », « du », « de la », « de l' ».**

*Tu as **de la monnaie** ?*   – *Oui, j'**en** ai.*   – *Non, je n'**en** ai pas.*

          (= j'ai de la monnaie)   (= je n'ai pas de monnaie)

*Vous voulez **du café** ?*   – *Oui, j'**en** veux bien.*   – *Non merci, je n'**en** veux pas.*

*Il y a **des problèmes** ?*   – *Oui, il y **en** a.*   – *Non, il n'y **en** a pas.*

Avec « un » et « une » on précise :

*Vous avez **un parking** ?*   – *Oui, j'**en** ai **un.***   – *Non, je n'**en** ai pas.*

*Tu as **des enfants** ?*   – *Oui, j'**en** ai **deux.***   – *Non, je n'**en** ai pas.*

- **Il remplace une chose précédée de la préposition « de » (construction du verbe).**

*Tu as besoin **de ce document** ?*   – *Oui, j'**en** ai besoin.* (= j'ai besoin de ce document)

          – *Non, je n'**en** ai pas besoin.* (= je n'ai pas besoin de ce papier)

*Vous avez parlé **des vacances** ?*   – *Oui, on **en** a parlé.*

          – *Non, on n'**en** a pas parlé.*

> On fait la liaison avec le « ne ».
> J'en_ai. On n'en_a pas.
> Quand on parle vite, le « il » disparaît :
> Il y en a → yen na   Il n'y en a pas → yen na pa.

■ *LE PRONOM Y*

- **Il remplace un nom de lieu.**

*Vous allez **en Italie** ?*   – *Oui on **y** va cet été.*   – *Non, on n'**y** va pas cette année.*

*Tu vas souvent **à Tokyo** ?*   – *Oui, j'**y** vais souvent.*   – *Non, je n'**y** vais pas.*

- **Il remplace un nom commun précédé de la préposition « à ».**

*Tu penses **à ta carrière** ?*   – *Oui, j'**y** pense.*   – *Non, je n'**y** pense pas.*

*Vous vous intéressez **à l'écologie** ?*   – *Oui, on s'**y** intéresse.*   – *Non, on ne s'**y** intéresse pas.*

■ *PLACE DES PRONOMS AVEC DEUX VERBES*

Elle	veut	**m'**	inviter	Elle	ne	veut	pas	**m'**	inviter
Il	doit	**t'**	appeler	Il	ne	doit	pas	**t'**	appeler
On	va	**le**	voir	On	ne	va	pas	**le**	voir
Je	peux	**la**	contacter	Je	ne	peux	pas	**la**	contacter
Il	faut	**les**	aider	Il	ne	faut	pas	**les**	aider
Tu	peux	**lui**	dire	Tu	ne	peux	pas	**lui**	dire
Ils	vont	**nous**	expliquer	Ils	ne	vont	pas	**nous**	expliquer
Il	va	**vous**	inviter	Il	ne	va	pas	**vous**	inviter
Elle	veut	**leur**	parler	Elle	ne	veut	pas	**leur**	parler
On	peut	**en**	prendre	On	ne	peut	pas	**en**	prendre
Il	faut	**y**	aller	Il	ne	faut	pas	**y**	aller

1. Relevez les pronoms « lui », « en » et « y » dans les deux dialogues et notez quels mots ils remplacent.

2. Soulignez les verbes à construction indirecte (avec « à »).

regarder – voir – parler – inviter – appeler – téléphoner – critiquer – attendre – demander – aider – expliquer – connaître – faire – dire – aimer – répondre – écrire – contacter

3. Répondez avec un pronom (« te », « la », « l' », « lui », « les », « leur »).

1. Est-ce que tu as contacté ce client ? – Oui, je _____
2. Est-ce qu'il a parlé au directeur ? – Non, il _____
3. Est-ce que vous avez vu ce spectacle ? – Non, nous _____
4. Est-ce qu'ils ont téléphoné à leurs parents ? – Oui, ils _____
5. Est-ce que tu me comprends ? – Non, je _____
6. Est-ce que tu les as appelés ? – Non, je _____

4. Complétez avec « y » ou « en ».

1. Tu vas au supermarché tous les week-ends ? – Oui, j'_____ vais tous les week-ends.
2. Il a pensé aux conséquences ? – Non, il n'_____ a pas pensé.
3. Vous avez besoin de mon numéro de compte en banque ? – Oui, j'_____ ai besoin.
4. Il mange des légumes et des fruits ? – Non, il n'_____ mange pas beaucoup.
5. Elles sont allées à Londres ensemble ? – Oui, elles _____ sont allées ensemble.
6. Tu fais de la gymnastique ? – Non, je n'_____ fais pas régulièrement.

5. Répondez selon l'exemple.

✎ *Exemple : Tu lui as dit ? → – Non je ne lui ai pas dit, mais je veux lui dire.*

1. Elle lui a donné ? – Non, elle _____
2. Vous en avez parlé ? – Non, _____
3. Tu y es retourné ? – Non, _____
4. Il l'a vu ? – Non, _____
5. On les a invités ? – Non, _____
6. Tu leur as expliqué ? – Non, _____
7. Elles y sont allées ? – Non, _____

6. Décrivez ce que vous avez fait avec votre voisin (ou votre voisine) et avec vos amis en utilisant les verbes proposés.

voir – inviter – parler – téléphoner – aider – rencontrer – embrasser – écouter

Mon voisin / ma voisine ? L'autre jour je _____

Mes amis ? Hier soir / la semaine dernière , je _____

1. Répondez avec des pronoms personnels directs (« le », « la », « l' », « les »).

1. Tu vois Éric en ce moment ?   – Oui, je _____
2. On invite Claire et Louis ?   – D'accord, on _____
3. Tu prends ces magazines ?   – Non, je _____
4. Tu as le plan du métro ?   – Oui, je _____
5. Vous connaissez cette photo ?   – Oui, on _____

2. Mettez dans l'ordre.

1. comprend / te / ne / on / pas   _____
2. m' / tu / écoutes / ne / pas   _____
3. nous / il / beaucoup / aide   _____
4. ne / répond / elle / pas / me   _____
5. je / bien / connais / les / très   _____

3. Reliez (plusieurs possibilités).

1. Le code de l'appartement ?   a. Elle ne lui parle plus.
2. Ludovic ?   b. Je leur téléphone régulièrement.
3. Son oncle ?   c. On ne les a pas.
4. Mes grands-parents   d. Tu l'invites ?
5. Les papiers de la voiture ?   e. Finalement on ne l'achète pas.
6. La moto ?   f. Je ne le connais pas.

4. Choisissez la bonne réponse.

1. On ne le / lui voit pas souvent.
2. Ils les / leur proposent de travailler ensemble.
3. Vous ne la / lui dites pas bonjour ?
4. Il ne les / leur donne rien en échange.
5. Nous la / l' / lui admirons pour son courage.
6. Tu leur / les réponds ?

5. Répondez librement avec des pronoms.

1. Est-ce que vous posez beaucoup de questions pendant le cours de français ?

_____

2. Est-ce que vous écoutez souvent la radio ?

_____

3. Est-ce que vous comprenez les films français sans sous-titres ?

_____

4. Est-ce vous envoyez beaucoup de SMS ?

_____

6. Mettez au passé composé.

1. On me contacte par téléphone. _____

2. Elle ne lui répond pas. _____

3. Vous me demandez pourquoi ? _____

4. Tu leur expliques la situation ? _____

5. Je l'attends. _____

7. Mettez au passé composé.

« On l'arrête dans la rue. On l'emmène au commissariat. Les policiers lui demandent ses papiers et lui posent beaucoup de questions. Il leur répond calmement. Il leur dit toute la vérité. Il leur demande de téléphoner à sa femme. Ils acceptent. Il parle à sa femme. Il la rassure. Il rediscute avec les policiers. Ils le gardent au poste pendant une nuit. Le matin, ils le relâchent. »

_____

_____

_____

_____

8. Complétez cette conversation en utilisant des pronoms.

– Est-ce que tu as téléphoné à Claude ? – Oui, _____

– Est-ce que tu lui as tout raconté ? – Oui, _____

– Est-ce qu'il t'a écouté ? – Oui, _____

– Est-ce qu'il t'a donné des conseils ? – Oui, _____

– Est-ce que tu as suivi ses conseils ? – Non, _____

– Alors pourquoi est-ce que tu _____ as téléphoné ? C'est malin !

9. Complétez librement.

1. Tu veux _____ ?

– Non merci, j'en ai déjà mangé.

2. Vous êtes déjà allés _____ ?

– Oui, nous y sommes allés l'année dernière.

3. Ils ont parlé _____ ?

– Non, ils n'en ont pas parlé.

4. Elle a _____ ?

– Oui, elle en a un.

5. Tu t'intéresses _____ ?

– Oui, je m'y intéresse.

6. Vous _____ ?

– Non, je n'en prends pas.

10. Répondez avec un pronom.

1. J'ai donné la photocopie ?   – Oui, tu _____
2. On leur a expliqué pourquoi ?   – Non, on _____
3. Tu m'as téléphoné hier ?   – Oui, je _____
4. Ils lui ont parlé ?   – Non, ils _____
5. Elle l'a reconnu ?   – Non, elle _____
6. Vous m'avez compris?   – Oui, _____
7. Vous en avez parlé ?   – Oui, on _____
8. Ils y sont allés ?   – Non, ils _____

11. Répondez avec « le », « la », « l' », « les » ou « en ».

1. Tu as l'adresse ?   – Oui, je _____
2. Vous avez des diplômes ?   – Oui, j'_____
3. Ils ont le nom du professeur?   – Non, ils _____
4. Tu as une photo d'identité ?   – Non, je _____
5. Elle a sa carte de travail ?   – Oui, elle _____
6. Vous avez une solution ?   – Oui, on _____

12. Mettez à la forme affirmative et négative de l'impératif selon l'exemple.

✎ *Exemple : Vous lui parlez ? → Parlez-lui ! Ne lui parlez pas.*

1. Tu lui dis ?   _____   _____
2. Vous y allez ?   _____   _____
3. Tu en prends ?   _____   _____
4. Tu m'expliques ?   _____   _____
5. Vous le regardez ?   _____   _____

13. Transformez avec des pronoms selon le modèle.

✎ *Exemple : Il faut contacter la secrétaire. → Il faut la contacter.*

1. Il faut parler au directeur.

_____

2. Est-ce que je peux voir le responsable ?

_____

3. Il doit envoyer le dossier à cette adresse.

_____

4. Vous devez assister à la réunion.

_____

5. Est-ce que vous allez parler aux étudiants ?

_____

6. Cette année je vais envoyer des cartes de Noël.

_____

7. Je voudrais rencontrer ton amie.

_____

31. L'IMPARFAIT

■ UN RÊVE ÉTRANGE

La femme : J'ai fait un rêve étrange. J'étais sur la plage, la mer était calme…

L'homme : Tu étais seule ?

La femme : Oui, il n'y avait personne. Soudain, je m'envolais comme un ballon. J'étais toute légère.

L'homme : C'était agréable ?

La femme : C'était très agréable, je voyais la mer, la terre, les montagnes. Mais après un moment je me demandais comment j'allais revenir sur terre… et je me suis réveillée !

L'homme : Bienvenue sur notre petite planète !

■ SOUVENIRS

Jeanne : Tu habitais où quand tu avais 16 ans ?

Pallabi : J'habitais à Calcutta avec ma sœur.

Jeanne : Tu aimais l'école ?

Pallabi : Comme ci comme ça… en fait, j'aimais bien m'amuser et rire. J'avais beaucoup d'amis. On s'amusait bien.

Jeanne : Tu pensais venir un jour en France ?

Pallabi : Pas du tout, mais j'avais envie de voyager, de connaître d'autres villes, d'autres régions, d'autres pays… mais c'était un rêve. Maintenant mon rêve s'est réalisé !

1. Écoutez le premier dialogue et finissez les phrases.

1. J'étais …
2. La mer était …
3. Il n'y avait …
4. Je m'envolais comme …
5. C'était …
6. Je voyais …

2. Écoutez le deuxième dialogue et répondez aux questions avec des phrases complètes.

1. Où est-ce que Pallabi habitait quand elle était jeune ?
2. Est-ce qu'elle aimait l'école ?
3. Qu'est-ce qu'elle aimait faire ?
4. Quel était son rêve ?

■ L'IMPARFAIT

• **L'imparfait est un temps du passé.** Il exprime un temps indéterminé, non précis : on ne connaît ni le début ni la fin de l'action.

• **On utilise l'imparfait pour :**
– l'évocation des souvenirs ou des habitudes passées ;
*Quand j'**avais 16 ans, je ne travaillais** pas beaucoup.*
*On **allait** en vacances chez mes cousins.*
– la description des circonstances, des personnes, des objets dans le passé.
*Il **faisait** beau. J'**étais** sur la plage. Il y **avait** des enfants qui **s'amusaient**.*
*Ma mère **avait** les cheveux longs.*

■ FORMATION DE L'IMPARFAIT

• **On forme l'imparfait sur le « nous » du présent.**
Avoir → nous **av**ons → **av** + ais, ais, ait, aient
                                          ions, iez
Exception : le verbe « être »

ÊTRE

J'étais	Je n'étais pas
Tu étais	Tu n'étais pas
Il/ elle / on était	Il / elle / on n'était pas
Nous étions	Nous n'étions pas
Vous étiez	Vous n'étiez pas
Ils/ elles étaient	Ils / elles n'étaient pas

• **Autres verbes**

Parler	→ Nous parlons	→ Je parlais
Penser	→ Nous pensons	→ Je pensais
Aller	→ Nous allons	→ J'allais
Faire	→ Nous faisons	→ Je faisais
Pouvoir	→ Nous pouvons	→ Je pouvais
Savoir	→ Nous savons	→ Je savais

⚠ C'est → C'était   Il y a → Il y avait

1. **Relevez les verbes à l'imparfait avec leur sujet.**

2. **Complétez les verbes à l'imparfait.**

1. Je pouv_____   4. Vous fais_____   7. Ils aim_____   10. Il y av_____

2. Elle sav_____   5. On av_____   8. Tu all_____   11. Vous fais_____

3. Nous ét_____   6. Nous travaill_____   9. Elles regard_____   12. C'ét_____

3. **Répondez.**

1. Tu savais qu'elle était là ?   – Non, je _____

2. Il pouvait parler français ?   – Non, il _____

3. Vous écoutiez beaucoup la radio ?   – Non, on _____

4. Tu étais heureux à cette époque ?   – Non, je _____

5. C'était bien ?   – Non, ce _____

6. Il faisait beau ?   – Non, il _____

7. Il y avait beaucoup de monde ?   – Non, _____

4. **Mettez à l'imparfait selon l'exemple.**

🖉 *Exemple : Maintenant je ne fais plus de sport mais avant je faisais du sport.*

1. Maintenant on ne va plus au stade, _____

2. Maintenant nous n'avons plus peur de parler, _____

3. Maintenant je ne suis plus seul, _____

4. Maintenant il n'y a pas de problème, _____

5. Maintenant il ne fait pas froid, _____

6. Maintenant ce n'est pas difficile, _____

5. **Mettez le texte à l'imparfait.**

« Georgiu a 23 ans. Il est étudiant en médecine. Ses parents sont fiers de lui. Georgiu travaille pour payer ses études. Il veut être indépendant. Il a une fiancée. Ils veulent se marier mais ils attendent un peu parce qu'ils n'ont pas assez d'argent. Nous connaissons Georgiu. Nous l'aimons bien. »

_____

_____

_____

6. **Évoquez des souvenirs du temps où vous aviez douze ans.**

Quand j'avais douze ans, j'habitais _____

_____

_____

32. L'IMPARFAIT ET LE PASSÉ COMPOSÉ

■ *DISTRIBUTEUR AUTOMATIQUE*

 piste **63**

Martial : Luc tu peux me prêter 20 euros ?

Luc : Tu n'as pas ta carte ? Tu peux payer par carte.

Martial : Je sais mais je n'ai plus ma carte… Hier je suis allé au distributeur automatique, j'ai mis ma carte, j'ai tapé mon code et rien ne s'est passé. J'ai attendu. La machine ne marchait plus. Il n'y avait rien sur l'écran. J'ai essayé de tout annuler, mais c'était bloqué. Je ne pouvais pas récupérer ma carte ni entrer dans la banque parce qu'elle était fermée. Je n'avais pas un euro sur moi et pas de ticket de métro. Je suis rentré à pied.

Luc : Tu étais loin de chez toi ?

Martial : Oui, j'ai mis une heure et demie pour rentrer.

Luc : Il y a des jours comme ça…

■ *MON PREMIER BABY-SITTING*

 piste **64**

Clotilde : Alors, comment s'est passé ton premier baby-sitting ?

Angela : Je te raconte : je suis arrivée. Il y avait trois enfants, 8, 6 et 4 ans, mignons. Les parents m'ont fait quelques recommandations et ils sont partis très vite parce qu'ils étaient pressés. Quand ils ont fermé la porte, les enfants ont commencé à courir partout et à crier. J'étais débordée. Finalement ils se sont calmés quand j'ai promis de leur lire une histoire. Alors j'ai lu une histoire, et une autre, et une autre… Quand j'arrêtais, ils criaient. Il était minuit quand les parents sont rentrés. Les enfants ne dormaient pas. Les parents étaient furieux…

Clotilde : Eh bien Angela je crois que tu n'as pas assez d'autorité pour faire ce travail !

1. Écoutez le premier dialogue et dites si c'est vrai ou faux.

1. Il a eu un problème avec sa carte bancaire.
2. Il a oublié sa carte bancaire chez lui.
3. Le distributeur s'est bloqué.
4. Il a pu reprendre sa carte.
5. La banque était fermée
6. Il est rentré chez lui en métro.

2. Écoutez le deuxième dialogue et dites si c'est vrai ou faux.

1. La baby-sitter avait trois enfants à garder.
2. Les parents ont beaucoup parlé avec elle.
3. Au début les enfants étaient calmes.
4. Elle a lu une histoire aux enfants.
5. Les enfants se sont endormis à minuit.

■ UTILISATION DE L'IMPARFAIT ET DU PASSÉ COMPOSÉ.

Ce sont deux temps pour décrire le passé.

• **L'imparfait** est utilisé pour la description :

– de l'environnement :

Il faisait beau. C'était en été. Il était deux heures de l'après-midi.

– des personnes et de leur situation

J'étais jeune. Mes parents habitaient en Afrique.

– des émotions (sans durée précise)

Nous étions contents. Je me sentais bien.

– d'une action en cours (on ne connaît pas le début de cette action) ou d'une action habituelle ou répétitive

Il pleuvait quand je suis sorti.

Tous les dimanches nous déjeunions tous ensemble et nous discutions.

• **Le passé composé** est utilisé pour :

– une action soudaine (après *soudain, tout à coup, alors…*) :

Tout à coup quelqu'un a sonné à la porte.

– une action avec une durée définie (on connaît le début et la fin) :

Il est resté deux heures chez nous.

– une succession d'événements :

Elle est entrée, elle a visité l'appartement, elle a posé quelques questions et elle est repartie sans un mot.

• **Imparfait et passé composé**

Comparez :

*Quand il **est entré** dans la pièce, elle **criait**.* → on ne sait pas quand elle a commencé à crier.

      PASSÉ COMPOSÉ   IMPARFAIT

*Quand il **est entré** dans la pièce, elle **a crié**.* → elle a commencé à crier quand il est entré.

      PASSÉ COMPOSÉ   PASSÉ COMPOSÉ

*Quand il **entrait** dans la pièce, elle **criait**.* → chaque fois qu'il entrait, la même action se produisait.

      IMPARFAIT   IMPARFAIT   (RÉPÉTITION)

1. Dans chaque dialogue, soulignez les passés composés et entourez les imparfaits.

2. Classez les verbes dans trois colonnes : descriptions, actions ponctuelles, actions répétitives.

3. Mettez les verbes au passé composé et à l'imparfait.
1. Il est _____ _____
2. Elle va _____ _____
3. Il n'y a pas _____ _____
4. Ils ne font pas _____ _____
5. Vous pouvez _____ _____

4. Choisissez la bonne réponse.
1. Comme il a fait / faisait chaud nous avons acheté une glace. _____
2. Vous avez été / étiez surpris quand elle a dit ça ? _____
3. Il est rentré chez lui parce qu'il a été / était fatigué. _____
4. Je ne suis pas allé au cinéma parce qu'il y a eu / avait trop de monde. _____
5. Où est-ce que tu as été / étais quand ils sont arrivés ? _____

5. Complétez au passé (passé composé ou imparfait).
1. Quand il _____ jeune, il _____ au tennis toutes les semaines. *(être / jouer)*
2. L'été dernier nous _____ à Naples. C'_____ génial ! *(aller / être)*
3. Ils _____ à cette question qui _____ trop complexe. *(ne pas répondre / être)*
4. Quand elle _____ quinze ans, ses parents _____ *(avoir / divorcer)*
5. Tu _____ le message que je t'_____ ? *(lire / écrire)*
6. Il _____ minuit quand ils _____ *(être / arriver)*

6. Lisez ce récit : soulignez les descriptions et entourez les actions ponctuelles.
C'est un beau jour de printemps. Le soleil brille. Manon entre dans la banque. Il n'y a personne dans la banque. C'est étrange. Surprise, elle se retourne et voit soudain un homme avec un revolver. Il a un masque sur le visage. Elle a très peur mais elle ne crie pas.

7. Mettez le récit précédent au passé (passé composé / imparfait).
_____

8. Racontez vos dernières vacances avec les verbes proposés ou d'autres verbes.
Événements : aller – rester –visiter – se reposer – se promener – voir…
Situation : être – avoir – faire (saison ? temps ? environnement ? état d'esprit ?)
Je suis parti(e) en vacances, _____

■ *LA VOYANTE*

 piste **65**

La voyante : Je vois une maison à la campagne, une grande maison avec des animaux…

La femme : Je vais habiter à la campagne ?

La voyante : Attendez !… Je vois un homme. Il n'est pas français.

La femme : Je vais rencontrer un homme ?

La voyante : Oui.

La femme : Quand ?

La voyante : Bientôt. Vous habiterez avec lui dans cette maison et vous vous marierez. Vous serez heureuse…

La femme : et j'aurai des enfants ?

La voyante : Oui, vous aurez des enfants, deux enfants.

La femme : Oh ! c'est merveilleux ! Merci madame, merci.

■ *RECOMMANDATIONS*

 piste **66**

La mère : J'ai rempli le frigo. Tu n'auras pas besoin de faire des courses. Je pense que tu auras assez à manger pour une semaine.

Le fils : D'accord maman.

La mère : Tu n'oublieras pas ton rendez-vous chez le dentiste.

Le fils : Non, je n'oublierai pas.

La mère : Je compte sur toi : tu prendras soin de la maison et tu n'inviteras pas tous tes copains…

Le fils : Je pourrai en inviter deux ou trois ?

La mère : Pas plus… et vous ne fumerez pas dans la maison.

Le fils : Promis !

La mère : On te téléphonera pour te donner l'heure de notre arrivée.

Le fils : Pas de problème. Tu vas voir : tu vas adorer Barcelone, tu ne voudras pas revenir.

La mère : On verra…

1. Écoutez le premier dialogue. Selon les prédictions de la voyante, que fera cette femme dans le futur ? Répondez en utilisant le futur simple.

_____

_____

_____

2. Écoutez le deuxième dialogue et entourez les phrases qui ne sont pas dans le dialogue.

1. Il faudra faire des courses.   2. Tu n'oublieras pas ton rendez-vous chez le dentiste.

3. Tu pourras inviter tes copains.   4. Vous ne fumerez pas dans la maison.

5. On te téléphonera.   6. Tu voudras revenir.

■ *LE FUTUR PROCHE*

Revoir le chapitre 10

• **Il indique un événement qui n'est pas très lointain.**

Regarde le ciel : il va faire beau demain.

Reste là, je vais acheter des croissants à la boulangerie et je reviens.

■ *LE FUTUR SIMPLE*

• **On l'utilise pour exprimer des projets futurs, des prévisions, des ordres, des promesses.**

Dans deux ans, on achètera une nouvelle voiture.

Il pleuvra toute la semaine prochaine.

Tu seras poli, tu remercieras tout le monde.

Je n'ai pas fait mon exercice mais je vous promets que je le ferai.

■ *FORMATION DU FUTUR SIMPLE*

• **Infinitif du verbe + terminaisons** ai, as, a, ons, ez, ont

PARLER

Je parlerai	*Je ne parlerai pas*
Tu parleras	*Tu ne parleras pas*
Il / elle / on parlera	*Il / elle / on ne parlera pas*
Nous parlerons	*Nous ne parlerons pas*
Vous parlerez	*Vous ne parlerez pas*
Ils / elles parleront	*Ils / elles ne parleront pas*

Regarder → Je regarderai

Écouter → J'écouterai

Finir → Je finirai

Partir → Je partirai

• **Pour les verbes en « re » on supprime le « e » final**

Prendre → Je prendrai

Dire → Je dirai

Écrire → J'écrirai

Lire → Je lirai

• **Quelques verbes irréguliers**

Être → Je serai

Avoir → J'aurai

Faire → Je ferai

Aller → J'irai

Voir → Je verrai

Dans tous les futurs simples on entend les sons ré ra ron.

1. Relevez les verbes au futur simple et leur infinitif.

2. Complétez les verbes au futur.

1. Nous travailler_____   4. Tu sortir_____   7. Vous chercher_____

2. Ils lir_____   5. On prendr_____   8. J'habiter_____

3. Elles déjeuner_____   6. Il ser_____   9. Vous aur_____

3. Mettez les verbes au futur proche.

1. Je ferai les courses.   _____

2. Nous écrirons une lettre d'excuse.   _____

3. Tu iras là-bas ?   _____

4. On choisira tranquillement.   _____

5. Vous expliquerez pourquoi.   _____

4. Mettez au pluriel.

1. J'irai au cinéma.   _____

2. Elle n'aura pas le temps.   _____

3. Tu comprendras plus tard.   _____

4. Il s'amusera.   _____

5. Répondez selon l'exemple.

✎ *Exemple : On va parler au professeur maintenant ? (Non … plus tard)*

→ *– Non, on ne va pas lui parler maintenant, on lui parlera plus tard.*

1. Tu vas sortir maintenant ? *(plus tard)*

– Non, _____

2. Vous allez visiter cette exposition aujourd'hui ? *(après-demain)*

– Non, _____

3. Vous allez préparer vos bagages aujourd'hui ? *(demain)*

– Non, _____

6. Prenez de bonnes résolutions pour l'année prochaine.

Cette année je n'ai pas bien travaillé, je suis trop sorti(e), je n'ai pas fait de sport, je n'ai pas lu beaucoup de livres, j'ai trop regardé la télévision, j'ai beaucoup fumé…

L'année prochaine, je travaillerai mieux, _____

▪ BILAN 9

1. Mettez les verbes au présent (« nous »), puis à l'imparfait.

✐ *Exemple : Dire. → nous disons → je disais*

1. Avoir	nous _____	je _____
2. Regarder	nous _____	tu _____
3. Pouvoir	nous _____	on _____
4. Aller	nous _____	vous _____
5. Savoir	nous _____	je _____
6. Faire	nous _____	il _____

2. Complétez la conversation à l'imparfait avec « être », « avoir », « faire » et « pouvoir ».

– Alors ces vacances, c'_____ bien ? Il y _____ du soleil ?

– Oui, c'_____ super . Il _____ beau.

– Vous _____ vous baigner ?

– Oui, la mer _____ chaude.

– Il y _____ beaucoup de monde ?

– Non, ce n'_____ pas pendant les vacances scolaires.

– On _____ tranquilles.

3. Répondez.

Quand vous étiez plus jeune…

1. Vous alliez quelquefois à la campagne ?	– Oui, nous _____
2. Vous preniez la voiture de vos parents ?	– Oui, nous _____
3. Vous aviez le permis de conduire ?	– Oui, on _____
4. Vous vous amusiez bien ?	– Oui, on _____
5. Vous vous disputiez souvent ?	– Non, on _____

4. Mettez à l'imparfait.

« C'est en 2006. J'habite à Marseille dans un grand appartement que je partage avec deux autres étudiants. Il y a Ariane qui fait ses études de commerce et Flora qui prépare le concours d'entrée d'une grande école. Moi, je suis étudiante à la fac des sciences. À cette époque, je pense que je vais devenir chimiste. On s'entend bien toutes les trois. On a beaucoup d'amis. »

_____

_____

_____

_____

5. Choisissez la bonne réponse.

1. D'habitude ils n'allaient pas / ne sont pas allés dans des lieux touristiques.

2. Tu habitais / as habité à Buenos Aires de 2004 à 2006 ?

3. Elle s'est assise sur le bord de la route parce qu'elle était / a été fatiguée.

4. Comme je ne connaissais pas / n'ai pas connu la ville, je me suis perdu.

5. Normalement elle réservait / a réservé toujours avant d'y aller.

6. Répondez à l'imparfait ou au passé composé.

1. Pourquoi est-ce qu'elle n'est pas venue ?

_____ (malade)

2. Pourquoi est-ce que vous n'êtes pas partis ?

_____ (changer d'avis)

3. Pourquoi est-ce que tu n'as pas réussi ton examen ?

_____ (trop difficile)

4. Pourquoi est-ce que tu as mal dormi ?

_____ (voir un film d'horreur)

7. Complétez avec les verbes proposés au passé composé ou à l'imparfait.

Elle _____ (aller) dans une agence et _____ (choisir) un voyage organisé. Le 1ᵉʳ août elle _____ (faire) la connaissance des autres personnes du groupe. Ils _____ (avoir) l'air sympathique. La moyenne d'âge _____ (être) 35 ans. Ils _____ (partir) en avion. Destination : la Corse. C'_____ (être) des vacances sportives. Pendant une semaine ils _____ (marcher) sur les sentiers corses. Ils _____ (camper), ils _____ (préparer) leur repas ensemble. Il y _____ (avoir) des moments merveilleux et d'autres moments difficiles. Mais personne n'_____ (regretter) d'être venu. Ils _____ (repartir) avec de beaux souvenirs dans la tête. Quand ils _____ (se quitter), ils _____ (échanger) leur adresse pour se revoir.

8. Trouvez l'infinitif, puis mettez au futur proche selon l'exemple.

✎ Exemple : Ils ont vu ce spectacle. → voir → Ils vont voir ce spectacle.

1. J'ai eu du travail. _____ _____

2. Vous avez été surpris. _____ _____

3. Tu as lu ce livre. _____ _____

4. Elle a pris rendez-vous. _____ _____

5. Nous avons pu nous relaxer. _____ _____

9. Répondez en utilisant le futur proche et un pronom selon l'exemple.

✎ *Exemple : Vous avez fait les courses ? → Non, mais nous allons les faire.*

1. Tu as pris <u>la</u> photo? _____

2. Tu as mis <u>la</u> table? _____

3. Ils ont acheté <u>le</u> cadeau? _____

4. Elle a envoyé <u>la</u> lettre? _____

10. Transformez selon le modèle.

✎ *Exemple : On va partir ensemble. → C'est promis, on partira ensemble.*

1. Nous allons t'aider. _____

2. Je vais lui dire. _____

3. Elle va leur parler. _____

4. Tu vas avoir un cadeau. _____

5. On va aller au stade. _____

6. Vous allez être à l'heure? _____

11. Répondez librement au futur simple.

Qu'est-ce que vous ferez si…

1. on vous propose de jouer dans un film? _____

2. vous recevez une lettre d'amour anonyme? _____

3. un inconnu vous téléphone la nuit? _____

4. on vous offre un billet d'avion pour Tahiti? _____

12. Complétez avec les verbes au présent, au passé (imparfait ou passé composé) et au futur simple.

Quand j'_____ (commencer) à apprendre le français, je _____
(penser) que c'_____ (être) une langue difficile. J'_____
(prendre) des cours, beaucoup de cours. J'_____ (avoir) du mal à mémoriser le vocabulaire.
Je _____ (ne pas pouvoir) conjuguer les verbes. Mais j'_____
(continuer), je _____ (ne pas se décourager). J'_____ (travailler)
dur et j'_____ (faire) des progrès. Maintenant je _____ (pouvoir)
communiquer, je _____ (comprendre) de mieux en mieux. C'_____
(être) un vrai plaisir. Je _____ (lire) des livres en français et je _____
(regarder) des films français. L'année prochaine, j'_____ (aller) en France. Je
_____ (rester) un mois et je _____ (visiter) différentes régions. Je
_____ (être) sûr que ce _____ (être) une belle expérience.

■ TEST D'ÉVALUATION FINALE

1. Complétez avec les verbes « être » et « avoir » au présent. (16 points)

Il _____ 15h. Flora _____ à la terrasse d'un café. C'_____ l'été. Il y _____ beaucoup de monde dans les rues. Elle _____ fatiguée : elle _____ mal à la tête et elle _____ très chaud. Elle _____ rendez-vous avec ses amis. Ils _____ étudiants comme elle et ils _____ le même âge qu'elle.

Nous _____ de la chance : je _____ contente de mon travail et tu _____ toujours optimiste. Vous, vous _____ des amis merveilleux. Vous _____ une attitude positive. J'_____ besoin de vous !

2. Complétez avec un pronom. (6 points)

1. _____ déjeunes avec moi ?   4. _____ commençons.

2. _____ notez l'adresse.   5. _____ aime le chocolat.

3. _____ téléphonent souvent.   6. _____ arrivez mardi ?

3. Répondez aux questions par une phrase complète. (6 points)

1. Vous voyagez beaucoup ? _____

2. Vous faites la cuisine ? _____

3. Vous avez des amis français ? _____

4. Vous êtes optimiste ? _____

5. Vous savez danser ? _____

6. Vous pouvez répéter ? _____

4. Dites le contraire en utilisant un adjectif ou un adverbe différent. (6 points)

1. C'est une mauvaise idée. _____

2. Elle est très jeune. _____

3. Les enfants sont petits. _____

4. Le problème est facile. _____

5. Je dors bien. _____

6. Ils sont méchants. _____

5. Utilisez les articles qui conviennent *(un, une, le, la, du, de la, de l', des)***.** (6 points)

Il faut prendre _____ vitamines pour avoir _____ énergie et il faut aussi faire _____ sport. On peut, par exemple, faire _____ natation. C'est très bon pour _____ santé. Avoir _____ activités variées est très bon pour le moral.

6. Complétez au présent avec les verbes indiqués. (10 points)

Si tu _____ *(vouloir)* acheter des légumes frais, tu _____ *(pouvoir)* aller au marché.

Tu _____ *(dire)* que tu _____ *(ne pas savoir)* où c'est ? Tu ne _____ *(connaître)* pas encore ton nouveau quartier ? Eh bien, tu _____ *(devoir)* demander à un de tes voisins.

Demain je _____ *(partir)* à Vienne mais je _____ *(revenir)* dans trois jours.

Dimanche prochain je _____ *(faire)* le marché avec toi, on y _____ *(aller)* ensemble d'accord ?

7. Mettez au présent avec le verbe indiqué. (5 points)

1. (s'adapter)   Je _____ aux nouvelles situations.

2. (se reposer)   Tu _____ le dimanche ?

3. (s'intéresser)   Elle _____ à la médecine.

4. (s'occuper)   Nous _____ des réservations.

5. (s'arrêter)   Vous _____ ici ?

8. Complétez avec un adjectif démonstratif et un adjectif possessif. (10 points)

🖉 Exemple : Dans **cette** librairie, j'achète tous **mes** livres.

1. Tu vois _____ voiture dans le parking ? C'est _____ nouvelle voiture.

2. _____ homme est très beau. J'aime _____ élégance naturelle.

3. _____ année, _____ copain et moi partons en Grèce.

4. _____ commerçants ouvrent _____ magasins le dimanche.

5. Vous avez _____ informations dans _____ brochure. Regardez-la !

9. Trouvez les questions correspondant aux réponses. (20 points)

1. _____ ?   À Londres.

2. _____ ?   Lundi.

3. _____ ?   Mes cousins.

4. _____ ?   À midi et demi.

5. _____ ?   Je reste chez moi.

6. _____ ?   Non, je n'aime pas ça.

7. _____ ?   En bus.

8. _____ ?   Nous ne faisons rien.

9. _____ ?   Parce qu'il est malade.

10. _____ ?   Je vais bien.

10. Décrivez votre régime alimentaire en utilisant les expressions de quantité : *un peu de, beaucoup de, trop de, pas de, pas assez de...* (10 points)

eau, vin, lait, café, thé , pain, fromage, fruits, légumes, gâteaux, viande, poisson

1. Je bois _____

2. Je ne bois pas _____

3. Je mange _____

4. Je ne mange pas _____

11. Complétez. (6 points)

1. La capitale _____ Danemark, Copenhague est _____ Europe _____ Nord.

2. _____ Japon, _____ Chine, _____ Vietnam sont situés _____ Asie.

3. _____ Philippines est un archipel de plus de 7000 îles.

4. Elle habite _____ États-Unis, _____ New York.

5. Nous venons _____ Irlande, _____ Dublin.

12. **Dites le contraire en utilisant les négations « ne/n'…..pas » mais aussi « plus »,**
« personne », « rien », « jamais ». (6 points)
1. Il <u>aime</u> la ville.   _____
2. On va <u>toujours</u> au bord de la mer.   _____
3. Je me couche <u>tôt</u>.   _____
4. Ils invitent <u>beaucoup de gens</u>.   _____
5. Elle comprend <u>tout</u>.   _____
6. Vous allez <u>encore</u> à la gym ?   _____

13. **Utilisez l'impératif pour donner un ordre.** (6 points)
1. Écouter *(vous)* _____ !   4. Venir *(tu)* _____
2. Se lever *(tu)* _____   5. Se reposer *(vous)* _____
3. Partir *(nous)* _____   6. S'arrêter *(nous)* _____

14. **Donnez le participe passé des verbes suivants.** (10 points)
avoir, être, pouvoir, savoir, devoir, prendre, partir, venir, faire, vouloir

_____

15 **Mettez au passé composé.** (5 points)
1. Il se promène dans le parc.   _____
2. Tu t'inquiètes pour elle ?   _____
3. On se voit lundi.   _____
4. Elles se reposent.   _____
5. Je me demande pourquoi.   _____

16. **Complétez au passé composé ou à l'imparfait.** (10 points)
Ils _____ *(partir)* en train mais il y _____ *(avoir)* un
incident technique. Le train _____ *(s'arrêter)* pendant une heure. Heureusement ils _____ *(pouvoir)* arriver à temps pour l'anniversaire de Charlotte. Elle
_____ *(être)* si heureuse de les voir ! Ils _____ *(passer)*
une superbe soirée et _____ *(dormir)* chez Charlotte.
Le lendemain Héloïse _____ *(recevoir)* un message alarmant de sa mère. Ils
_____ *(devoir)* repartir. Quand ils _____ *(arriver)* à la
gare, ils _____ *(prendre)* un taxi. Héloïse _____ *(voir)*
son père à l'hôpital mais il _____ *(mourir)* une heure plus tard.

17. **Complétez avec des comparatifs.** (6 points)
1. Au mois de février il y a _____ jours _____ au mois d'août. (-)
2. Romain est né 2 mois avant Timothée : il est _____ jeune _____ lui. (+)
3. Avant il ne travaillait pas bien. Maintenant il travaille _____ (+)
4. Leurs deux enfants sont magnifiques : ils sont _____ intelligents l'un _____ l'autre. (=)
5. Un nouveau cuisinier est arrivé et c'est _____ bon _____ avant. (=)
6. Mais non ! Au contraire ! C'est bon, c'est très bon, c'est _____ qu'avant. (+)

18. Complétez avec des pronoms relatifs « qui », « que / qu' » ou « où ». (8 points)

1. C'est une recette de cuisine _____ ma grand-mère fait et _____ on aime beaucoup.

2. L'appartement _____ a une vue sur un jardin et _____ tu voulais acheter est vendu !

3. La banque _____ j'ai mon compte et _____ a des agences dans le monde entier, est française.

4. L'ami italien _____ tu connais est arrivé à Paris le jour _____ tous les taxis étaient en grève.

19. Mettez à la forme négative. (7 points)

1. Tu as compris les instructions. _____

2. Vous vous êtes téléphoné ? _____

3. Comme il a fait beau, on est sortis. _____

4. Ils se sont vus régulièrement. _____

5. Il nous a dit la vérité. _____

6. Nous sommes arrivés à l'heure. _____

20. Mettez à l'imparfait. (5 points)

Elle _____ (être) sympathique. Elle _____ (faire) plaisir à tout le monde. Je l' _____ (aimer) beaucoup et ses amis _____ (dire) toujours du bien d'elle. Nous _____ (avoir) beaucoup d'admiration pour elle.

21. Mettez les verbes au passé composé ou à l'imparfait. (20 points)

Laura _____ (passer) toute son enfance à la campagne. Elle _____ (aller) à l'école du village à pied. Ses parents _____ (avoir) une grande ferme et quand Laura _____ (rentrer) de l'école elle _____ (s'occuper) des poules avant de faire ses devoirs. Elle _____ (grandir) sans problème, avec sa sœur dans un environnement simple et paisible. Quand elle _____ (avoir) 15 ans, elle _____ (devoir) prendre le car scolaire pour aller au lycée de la ville la plus proche. Tous les jours, elle _____ (se lever) plus tôt le matin et _____ (rentrer) plus tard chez elle. C' _____ (être) plus fatigant. Quand elle _____ (obtenir) son bac, tout _____ (changer) de nouveau. Elle _____ (vouloir) devenir infirmière. Alors, elle _____ (partir) loin de chez elle pour suivre des cours dans une école spécialisée. Elle ne _____ (pouvoir) pas revenir chez elle tous les week-ends. Elle _____ (commencer) à déprimer et elle _____ (tomber) malade. Heureusement ses amis l' _____ (aider) et elle _____ (reprendre) goût à la vie.

22. Répondez en utilisant des pronoms personnels. (5 points)

1. Il invite <u>ses voisins</u> ?   Non, il _____

2. Tu vois beaucoup <u>Clara</u> ?   Oui, je _____

3. On téléphone <u>à ta sœur</u> ?   D'accord, on _____

4. Elle prépare <u>son examen</u> sérieusement ?   Oui, elle _____

5. Vous posez des questions <u>à votre professeur</u> ?   Bien sûr, on _____

6. Et le professeur répond <u>aux étudiants</u> ?   Oui, il _____

23. **Répondez en remplaçant les mots soulignés par des pronoms personnels.** (6 points)

1. Vous avez appelé <u>le responsable</u> ?   Je _____

2. Vous avez annoncé la nouvelle <u>au directeur</u> ?   On _____

3. Vous avez proposé cette sortie <u>à vos amis</u> ?   Nous _____

4. Tu n'as pas parlé <u>à Diana</u> depuis deux mois ?   Je _____

5. Tu as oublié <u>tes lunettes</u> ?   Je _____

6. Vous ne connaissez pas <u>cette chanson</u> ?   Nous _____

24. **Reformulez les phrases en remplaçant les mots soulignés par les pronoms « en » ou « y ».** (5 points)

🖉 *Exemple : Elle reste 15 jours à Moscou. → Elle y reste 15 jours.*

1. Ils ont beaucoup <u>de problèmes</u>.   _____

2. Il y a encore <u>des yaourts</u> dans le frigo.   _____

3. Non, je n'ai pas <u>de garage</u>.   _____

4. Elle ne va jamais <u>à Hong Kong</u>.   _____

5. Tu veux encore <u>du gâteau</u> ?   _____

25. **Finissez les phrases en utilisant le verbe souligné au futur.** (6 points)

1. Je n'ai pas eu le temps de <u>faire</u> tout aujourd'hui mais demain je le _____

2. On n'a pas pu <u>aller</u> à la mer l'année dernière mais cette année on _____

3. Hier c'<u>était</u> fermé mais demain ce _____ ouvert.

4. Tu n'as toujours pas <u>fini</u> ton travail ! Mais quand est-ce que tu le _____ ?

5. Vous n'êtes pas <u>venus</u> la dernière fois, cette fois vous _____ ?

6. Ils ne <u>peuvent</u> pas acheter cette maison maintenant, mais bientôt ils _____

■ PRÉCIS GRAMMATICAL

LES ARTICLES

	Articles définis	Articles indéfinis	Articles partitifs
Masculin / Singulier	le	un	du
Féminin / Singulier	la	une	de la
Masc. ou fém. sing. avec voyelle	l'		de l'
Masc. ou fém. pluriel	les	des	des

✓ *Exemples : Le soleil, la lune, l'air, les nuages.*

Un homme, une femme, des enfants.

Du courage, de la chance, de l'amour, des joies.

• **Négation :** le → pas le

la → pas la   un → pas de / pas d'   du → pas de / pas d'

l' → pas l'   une → pas de / pas d'   de la → pas de / pas d'

les → pas les   des → pas de / pas d'   de l' → pas de / pas d'

LES ADJECTIFS POSSESSIFS

Possesseur	Mot masculin ou commençant par une voyelle	Féminin	Pluriel
J'ai	mon sac / mon **i**dée	ma clé	mes papiers
Tu as	ton portable / ton **a**dresse	ta carte	tes affaires
Il / elle voit	son ami / son **a**mie	sa sœur	ses parents
Nous connaissons	notre quartier	notre ville	nos voisins
Vous mangez	votre pain	votre pomme	vos fruits
Ils / elles aiment	leur professeur	leur classe	leurs amis

LES ADJECTIFS DÉMONSTRATIFS

Masculin singulier	ce matin
Masculin avec une voyelle	cet **a**près-midi
Féminin singulier	cette semaine
Masc. / fém. pluriel	ces jours

LES ADJECTIFS QUALIFICATIFS

• RÈGLE GÉNÉRALE

féminin singulier → **e**   féminin pluriel → **es**

masculin pluriel / masc. + fém. pluriel→ **s**

LES ADJECTIFS QUALIFICATIFS

Masculin singulier	Féminin singulier	Masculin pluriel	Féminin pluriel
jeune	jeune	jeunes	jeunes
marié	mariée	mariés	mariées
principal	principale	principaux	principales
heureux	heureuse	heureux	heureuses
actif	active	actifs	actives
gentil	gentille	gentils	gentilles
beau bel (+ voyelle)	belle	beaux	belles
nouveau nouvel (+ voyelle)	nouvelle	nouveaux	nouvelles

Attention :

il existe deux masculins singuliers pour les adjectifs « beau » et « nouveau » quand ils sont placés devant un mot commençant par une voyelle ou un « h » (non aspiré) :

✔ *Exemples : Un bel homme | Le nouvel an.*

LES COMPARATIFS

	Adjectifs / adverbes	Verbes	Noms
+	**plus** simple (**que**...)	Il travaille **plus** (**que**...)	**plus d'**argent
–	**moins** difficile (**que**...)	Elle mange **moins** (**que**...)	**moins de** temps
=	**aussi** intéressant (**que**...)	Tu bois **autant** (**que**...)	**autant de** travail

L'INTERROGATION

	Est-ce que	tu	aimes la musique ?
Qu'	est-ce que	vous	faites lundi ?
Où	est-ce qu'	il	habite ?
Quand	est-ce que	vous	partez ?
Comment	est-ce que	ça	s'écrit ?
Pourquoi	est-ce qu'	elle	vient ?
Combien	est-ce que	ça	coûte ?
Combien de temps	est-ce que	tu	vas rester ?
Qui	est-ce qu'	elle	as vu ?

Et aussi ….

Qui	est	là ?
Où	êtes-	vous ?
Quel	est	le problème ?
Quelle	est	la solution ?
Quels	sont	les obstacles ?
Quelles	sont	les possibilités ?

LES NÉGATIONS

Au présent, à l'imparfait et au futur simple :

Je	NE	crois	PAS.
Tu	N'	as	PAS DE chance.
Il / elle/ on	NE	voyage	PLUS.
Nous	N'	achetons	RIEN.
Vous	NE	venez	JAMAIS.
Ils / elles	N'	invitent	PERSONNE.

Avec les verbes à la forme pronominale, le « ne » reste immédiatement APRÈS LE SUJET.

> ✔ *Exemples : Tu NE te souviens PAS ?*
> *Vous NE vous souvenez PAS ?*

Au passé composé

Je	N'	ai	PAS	cru.
Tu	N'	as	PAS	eu DE chance.
Il /elle / on	N'	a	PLUS	voyagé.
Nous	N'	avons	RIEN	acheté.
Vous	N'	êtes	JAMAIS	venu.
Ils / elles	N'	ont	invité	PERSONNE.

Attention : Notez la position de « PERSONNE ».

LES PRONOMS PERSONNELS

Sujets	Réfléchis	Compléments directs	Compléments indirects	Renforcés	Adverbiaux
Je / J'	me / m'	me / m'	me / m'	moi	
Tu	te / t'	te / t'	te / t'	toi	
Il	se / s'	le / l'	lui	lui	en
Elle	se / s'	la / l'	lui	elle	
On		————	————	soi	y
Nous	nous	nous	nous	nous	
Vous	vous	vous	vous	vous	
Ils	se / s'	les	leur	eux	
Elles	se / s'	les	leur	elles	

Pronoms sujets	Pronoms réfléchis	Pronoms renforcés
Il est sympa. Nous sommes en France. Elles sont contentes.	*Avec les verbes pronominaux :* Je me lève à 7 heures. On se téléphone tous les jours.	– *Pour insister :* Moi, je reste ici et toi, tu pars. – *Avec des prépositions :* On dîne **chez** eux. C'est **pour** toi ! Discute **avec** elle ! – *Avec des comparaisons :* Tu es **plus** gentil **qu'**elle. Je parle **moins** bien **que** toi.

Compléments directs	Compléments indirects
Avec les verbes sans « à » : Tu **vois** Fred ? Oui, je le vois souvent. Vous **connaissez** Anne ? Oui, on la connaît bien.	*Avec des verbes suivis de « à » :* Ils **parlent au** directeur ? Oui, ils lui parlent. Vous **envoyez** des mails **à** vos amis ? Bien sûr, nous leur envoyons des mails.

EN	Y
– *Remplace un nom précédé des articles « un, une » ou « de / d'/ du / de l'/ des » :*	– *Remplace un lieu déjà mentionné :*
Tu as <u>des frères</u> ? Oui, j'<u>en</u> ai un.	Il habite <u>à Sydney</u> ? Oui, il <u>y</u> habite depuis un an.
Vous prenez <u>du sucre</u> ? Non merci, je n'<u>en</u> prends pas.	Tu vas souvent <u>en Chine</u> ? J'<u>y</u> vais 2 fois par an.
– *Remplace un nom commun (une chose) précédé de la préposition « de / du / des » :*	
Vous avez besoin <u>de ces photos</u> ? Oui, j'<u>en</u> ai besoin.	– *Remplace un nom commun (une chose) précédé de la préposition « à / au / aux » :*
Elle est responsable <u>de ce service</u> ? Oui, elle <u>en</u> est responsable.	Vous pensez <u>à votre examen</u> ? Oui, j'<u>y</u> pense.

ORDRE DES PRONOMS :

Avant le verbe (excepté à l'impératif affirmatif)

Je	ne	te	comprends	pas.
Tu	ne	m'	invites	pas ?
Elle	ne	nous	voit	pas.
Il	ne	vous	entend	pas.
On	ne	lui	dit	pas.
Nous	ne	leur	parlons	pas.
Vous	ne	le	prenez	pas ?
Elles	ne	la	comprennent	pas.
Ils	ne	les	regardent	pas.
Ils	ne	se	voient	pas.
Vous	n'	y	allez	pas ?
Elle	n'	en	a	pas.

Au passé composé

Je	ne	t'	ai	pas	compris.
Tu	ne	m'	as	pas	invité(e).
Il	ne	nous	a	pas	vue(e)(s).
Elle	ne	vous	a	pas	entendu(e)(s).
On	ne	lui	a	pas	dit.
Nous	ne	leur	avons	pas	parlé.
Vous	ne	l'	avez	pas	pris.
Elles	ne	l'	ont	pas	compris.
Ils	ne	les	ont	pas	regardé(e)(s).
Ils	ne	se	sont	pas	vus.
Vous	n'	y	êtes	pas	allé(e)(s) ?
Elle	n'	en	a	pas	eu.

Avec deux verbes

Je	ne	peux	pas	te	comprendre.
Tu	ne	veux	pas	m'	inviter ?
Il	ne	peut	pas	nous	voir.
Elle	ne	va	pas	vous	entendre.
On	ne	doit	pas	lui	dire.
Nous	ne	voulons	pas	leur	parler.
Vous	n'	allez	pas	le	prendre ?
Elles	ne	peuvent	pas	la	comprendre.
Ils	ne	veulent	pas	les	regarder.
Ils	ne	peuvent	pas	se	voir.
Vous	n'	allez	pas	y	aller ?
Elle	ne	peut	pas	en	avoir.

Les élisions

Les voyelles sont : a, e, i, o, u, y.

L'élision est la disparition d'une voyelle finale devant une voyelle ou un « h » muet.

Les articles :	le → l'
	la → l'
Les pronoms :	je → j'
	se → s'
	me → m'
	te → t'
Autres mots :	ce → c'
	de → d'
	ne → n'
	que → qu'

Exceptions : pas d'élision devant un nombre (« le huit »), une lettre (« le a ») et les mots avec un « h » aspiré (« le haricot »).

Note : Le « i » de « si » disparaît devant un « i ».

✔ *Exemple : S'il vous plaît.*

Les liaisons

Les liaisons les plus fréquentes avec « s » [z], « n » [n], « t » [t], « d » [t], « y » [y] et « x » [z] sont :

Entre l'article et le nom : les‿amis [z], un‿artiste [n].

Entre le pronom et le verbe : ils‿ont [z], vous‿aimez [z], ils sont‿allés [t], on‿arrive [n], il y‿a [y].

Entre l'adjectif et le nom : un petit‿ami [t], un grand‿appartement [t].

Entre le possessif et le nom : ses‿enfants [z], mon‿agenda [n].

Entre un adjectif numéral et le nom : trois‿ans [z], vingt‿ans [t].

Entre l'auxiliaire et le participe passé : ils sont‿allés [t], il est‿entré [t].

Après certaines prépositions : chez‿elle [z], dans‿un mois [z], en‿avril [n], sans‿un mot [z], sous‿un pont [z], aux‿États-Unis [z].

TABLEAUX DE CONJUGAISON

✔ ÊTRE

INDICATIF

Présent		Futur simple		Imparfait		Passé composé		
je	suis	je	serai	j'	étais	j'	ai	été
tu	es	tu	seras	tu	étais	tu	as	été
il/elle	est	il/elle	sera	il/elle	était	il/elle	a	été
nous	sommes	nous	serons	nous	étions	nous	avons	été
vous	êtes	vous	serez	vous	étiez	vous	avez	été
ils/elles	sont	ils/elles	seront	ils/elles	étaient	ils/elles	ont	été

INFINITIF

Présent

être

IMPÉRATIF

Présent

sois
soyons
soyez

✔ AVOIR

INDICATIF

Présent		Futur simple		Imparfait		Passé composé		
j'	ai	j'	aurai	j'	avais	j'	ai	eu
tu	as	tu	auras	tu	avais	tu	as	eu
il/elle	a	il/elle	aura	il/elle	avait	il/elle	a	eu
nous	avons	nous	aurons	nous	avions	nous	avons	eu
vous	avez	vous	aurez	vous	aviez	vous	avez	eu
ils/elles	ont	ils/elles	auront	ils/elles	avaient	ils/elles	ont	eu

INFINITIF

Présent

avoir

IMPÉRATIF

Présent

aie
ayons
ayez

✔ AIMER

INDICATIF

Présent		Futur simple		Imparfait		Passé composé		
j'	aime	j'	aimerai	j'	aimais	j'	ai	aimé
tu	aimes	tu	aimeras	tu	aimais	tu	as	aimé
il/elle	aime	il/elle	aimera	il/elle	aimait	il/elle	a	aimé
nous	aimons	nous	aimerons	nous	aimions	nous	avons	aimé
vous	aimez	vous	aimerez	vous	aimiez	vous	avez	aimé
ils/elles	aiment	ils/elles	aimeront	ils/elles	aimaient	ils/elles	ont	aimé

INFINITIF

Présent

aimer

IMPÉRATIF

Présent

aime
aimons
aimez

✓ S'ARRÊTER

INDICATIF

Présent		Futur simple		Imparfait		Passé composé		
je	m'arrête	je	m'arrêterai	je	m'arrêtais	je	me suis	arrêté(e)
tu	t'arrêtes	tu	t'arrêteras	tu	t'arrêtais	tu	t'es	arrêté(e)
il/elle	s'arrête	il/elle	s'arrêtera	il/elle	s'arrêtait	il/elle	s'est	arrêté(e)
nous	nous arrêtons	nous	nous arrêterons	nous	nous arrêtions	nous	nous sommes	arrêté(e)s
vous	vous arrêtez	vous	vous arrêterez	vous	vous arrêtiez	vous	vous êtes	arrêté(e)(s)
ils/elles	s'arrêtent	ils/elles	s'arrêteront	ils/elles	s'arrêtaient	ils/elles	se sont	arrêté(e)s

INFINITIF

Présent

s'arrêter

IMPÉRATIF

Présent

arrête-toi
arrêtons-nous
arrêtez-vous

✓ FALLOIR

INDICATIF

Présent		Futur simple		Imparfait		Passé composé		
il	faut	il	faudra	il	fallait	il	a	fallu

INFINITIF

Présent

falloir

IMPÉRATIF

Présent

pas d'impératif

✓ POUVOIR

INDICATIF

Présent		Futur simple		Imparfait		Passé composé		
je	peux	je	pourrai	je	pouvais	je	ai	pu
tu	peux	tu	pourras	tu	pouvais	tu	as	pu
il/elle	peut	il/elle	pourra	il/elle	pouvait	il/elle	a	pu
nous	pouvons	nous	pourrons	nous	pouvions	nous	avons	pu
vous	pouvez	vous	pourrez	vous	pouviez	vous	avez	pu
ils/elles	peuvent	ils/elles	pourront	ils/elles	pouvaient	ils/elles	ont	pu

INFINITIF

Présent

pouvoir

IMPÉRATIF

Présent

pas d'impératif

✔ DEVOIR

INDICATIF

	Présent		Futur simple		Imparfait		Passé composé	
je	dois	je	devrai	je	devais	j'	ai	dû
tu	dois	tu	devras	tu	devais	tu	as	dû
il/elle	doit	il/elle	devra	il/elle	devait	il/elle	a	dû
nous	devons	nous	devrons	nous	devions	nous	avons	dû
vous	devez	vous	devrez	vous	deviez	vous	avez	dû
ils/elles	doivent	ils/elles	devront	ils/elles	devaient	ils/elles	ont	dû

INFINITIF

Présent

devoir

IMPÉRATIF

Présent

dois
devons
devez

✔ ALLER

INDICATIF

	Présent		Futur simple		Imparfait		Passé composé	
je	vais	j'	irai	j'	allais	je	suis	allé(e)
tu	vas	tu	iras	tu	allais	tu	es	allé(e)
il/elle	va	il/elle	ira	il/elle	allait	il/elle	est	allé(e)
nous	allons	nous	irons	nous	allions	nous	sommes	allé(e)s
vous	allez	vous	irez	vous	alliez	vous	êtes	allé(e)(s)
ils/elles	vont	ils/elles	iront	ils/elles	allaient	ils/elles	sont	allé(e)s

INFINITIF

Présent

aller

IMPÉRATIF

Présent

va
allons
allez

✔ VENIR

INDICATIF

	Présent		Futur simple		Imparfait		Passé composé	
je	viens	je	viendrai	je	venais	je	suis	venu(e)
tu	viens	tu	viendras	tu	venais	tu	es	venu(e)
il/elle	vient	il/elle	viendra	il/elle	venait	il/elle	est	venu(e)
nous	venons	nous	viendrons	nous	venions	nous	sommes	venu(e)s
vous	venez	vous	viendrez	vous	veniez	vous	êtes	venu(e)(s)
ils/elles	viennent	ils/elles	viendront	ils/elles	venaient	ils/elles	sont	venu(e)s

INFINITIF

Présent

venir

IMPÉRATIF

Présent

viens
venons
venez

✓ FAIRE

INDICATIF

Présent		**Futur simple**		**Imparfait**		**Passé composé**		
je	fais	je	ferai	je	faisais	j'	ai	fait
tu	fais	tu	feras	tu	faisais	tu	as	fait
il/elle	fait	il/elle	fera	il/elle	faisait	il/elle	a	fait
nous	faisons	nous	ferons	nous	faisions	nous	avons	fait
vous	faites	vous	ferez	vous	faisiez	vous	avez	fait
ils/elles	font	ils/elles	feront	ils/elles	faisaient	ils/elles	ont	fait

INFINITIF

Présent

faire

IMPÉRATIF

Présent

fais
faisons
faites

✓ VOULOIR

INDICATIF

Présent		**Futur simple**		**Imparfait**		**Passé composé**		
je	veux	je	voudrai	je	voulais	j'	ai	voulu
tu	veux	tu	voudras	tu	voulais	tu	as	voulu
il/elle	veut	il/elle	voudra	il/elle	voulait	il/elle	a	voulu
nous	voulons	nous	voudrons	nous	voulions	nous	avons	voulu
vous	voulez	vous	voudrez	vous	vouliez	vous	avez	voulu
ils/elles	veulent	ils/elles	voudront	ils/elles	voulaient	ils/elles	ont	voulu

INFINITIF

Présent

vouloir

IMPÉRATIF

Présent

veux (veuille)
voulons
voulez (veuillez)

✓ PARTIR

INDICATIF

Présent		**Futur simple**		**Imparfait**		**Passé composé**		
je	pars	je	partirai	je	partais	je	suis	parti(e)
tu	pars	tu	partiras	tu	partais	tu	es	parti(e)
il/elle	part	il/elle	partira	il/elle	partait	il/elle	est	parti(e)
nous	partons	nous	partirons	nous	partions	nous	sommes	parti(e)s
vous	partez	vous	partirez	vous	partiez	vous	êtes	parti(e)(s)
ils/elles	partent	ils/elles	partiront	ils/elles	partaient	ils/elles	sont	parti(e)s

INFINITIF

Présent

partir

IMPÉRATIF

Présent

pars
partons
partez

✔ DIRE

INDICATIF

	Présent		Futur simple		Imparfait		Passé composé	
je	dis	je	dirai	je	disais	j'	ai	dit
tu	dis	tu	diras	tu	disais	tu	as	dit
il/elle	dit	il/elle	dira	il/elle	disait	il/elle	a	dit
nous	disons	nous	dirons	nous	disions	nous	avons	dit
vous	dites	vous	direz	vous	disiez	vous	avez	dit
ils/elles	disent	ils/elles	diront	ils/elles	disaient	ils/elles	ont	dit

INFINITIF

Présent

dire

IMPÉRATIF

Présent

dis
disons
dites

✔ LIRE

INDICATIF

	Présent		Futur simple		Imparfait		Passé composé	
je	lis	je	lirai	je	lisais	j'	ai	lu
tu	lis	tu	liras	tu	lisais	tu	as	lu
il/elle	lit	il/elle	lira	il/elle	lisait	il/elle	a	lu
nous	lisons	nous	lirons	nous	lisions	nous	avons	lu
vous	lisez	vous	lirez	vous	lisiez	vous	avez	lu
ils/elles	lisent	ils/elles	liront	ils/elles	lisaient	ils/elles	ont	lu

INFINITIF

Présent

lire

IMPÉRATIF

Présent

lis
lisons
lisez

✔ PRENDRE

INDICATIF

	Présent		Futur simple		Imparfait		Passé composé	
je	prends	je	prendrai	je	prenais	j'	ai	pris
tu	prends	tu	prendras	tu	prenais	tu	as	pris
il/elle	prend	il/elle	prendra	il/elle	prenait	il/elle	a	pris
nous	prenons	nous	prendrons	nous	prenions	nous	avons	pris
vous	prenez	vous	prendrez	vous	preniez	vous	avez	pris
ils/elles	prennent	ils/elles	prendront	ils/elles	prenaient	ils/elles	ont	pris

INFINITIF

Présent

prendre

IMPÉRATIF

Présent

prends
prenons
prenez

✔ CONNAITRE

INDICATIF

Présent		Futur simple		Imparfait		Passé composé		
je	connais	je	connaitrai	je	connaissais	j'	ai	connu
tu	connais	tu	connaitras	tu	connaissais	tu	as	connu
il/elle	connaît	il/elle	connaitra	il/elle	connaissait	il/elle	a	connu
nous	connaissons	nous	connaitrons	nous	connaissions	nous	avons	connu
vous	connaissez	vous	connaitrez	vous	connaissiez	vous	avez	connu
ils/elles	connaissent	ils/elles	connaitront	ils/elles	connaissaient	ils/elles	ont	connu

INFINITIF

Présent

Connaitre

IMPÉRATIF

Présent

connais
connaissons
connaissez

✔ VOIR

INDICATIF

Présent		Futur simple		Imparfait		Passé composé		
je	vois	je	verrai	je	voyais	j'	ai	vu
tu	vois	tu	verras	tu	voyais	tu	as	vu
il/elle	voit	il/elle	verra	il/elle	voyait	il/elle	a	vu
nous	voyons	nous	verrons	nous	voyions	nous	avons	vu
vous	voyez	vous	verrez	vous	voyiez	vous	avez	vu
ils/elles	voient	ils/elles	verront	ils/elles	voyaient	ils/elles	ont	vu

INFINITIF

Présent

voir

IMPÉRATIF

Présent

vois
voyons
voyez

N° de projet : 10257360 - Dépôt légal : janvier 2017
Imprimé en France en Juillet 2019 par Estimprim 25110 Autechaux